레오나르도 다빈치

상상의 날개를 활짝 펼치다

빛나는 미술가 10

레오나르도 다빈치
상상의 날개를 활짝 펼치다

최병진 글 · 조승연 그림

사계절

머리말

레오나르도 다빈치의 상상의 날개

 루브르 박물관에 가면 많은 사람들이 〈모나 리자〉 앞에 서서 생각에 잠긴 모습을 쉽게 만날 수 있습니다. 이 그림을 그린 레오나르도 다빈치는 화가이자 조각가, 발명가, 건축가, 기술자, 해부학자, 식물학자, 도시 계획가, 천문학자, 지리학자, 음악가였습니다. 그는 다양한 분야에 관심을 두었을 뿐만 아니라 창의적인 생각을 발전시켜 인간의 역사에 기여했습니다. 그래서 사람들은 그를 르네상스 시대의 만능인이라 합니다.

 레오나르도 다빈치는 처음부터 세상을 떠나는 순간까지 회화에 대한 열정을 가지고 있었지만 한 분야만 바라보지 않았습니다. 그는 학문적 경계를 넘나들며 자신이 관찰했던 삶과 풍경을 토대로 열정을 놓지 않고 회화와 관련된 분야로 넓혀 나갔습니다. 다빈치가 자연 풍경을 검토하며 글을 쓰고, 인간의 신체를 오늘날의 해부학처럼 과학적으로 검토해 나갔던 까닭은 이러한 것을 회화에 도움이 될 수 있는 지식으로 여겼기 때문입니다. 따라서 레오나르도 다빈치가 다재다능하고 창의력을 발전시킬 수 있었던 토대는 자신이 좋아하는 일에 대한 열정 때문이라고 보아야 할 것 같습니다.

 그는 자신의 발견을 자신의 작업에 적용하는 데 그치지 않고 열린 마음으로 다른 사람들에게 의견을 구했으며, 이 과정에서 자신의 생각을 소통해 나갔습니다. 레오나르도는 지식인들이 쓰는 언어 라틴어를 잘 하지 못했습니다. 그러나 그는 자신의 단점을 오히려 장점으로 바꾸었습니다. 잘 모르기 때문에 그것을 감춘 것이 아니라 오히려 더 적극적으로 의견을 구했습니다. 어린 시절부터 관찰을 통해 의미를 찾아 나가면서 세계를 바라보는 자신의 원칙을 구성해 나갔습니다. 이와 같은 원칙은 그의 작품이 명화로 남을 수 있는 힘이었습니다.

저는 이 글에서 유명한 화가의 재능이나 작품의 가치만을 설명하지 않았습니다. 짧은 전기 속에서 전달하고 싶었던 것은 레오나르도 다빈치가 세상을 살아갔던 삶의 태도입니다. 자신의 일에 대한 열정과 열린 마음으로 다른 사람의 말에 귀를 기울이고, 자신의 원칙을 꾸준하게 발전시켜 나갔던 그의 태도는 아주 인상적입니다.

이 글을 쓰는 과정에서 섬세한 교정과 아이들을 위해서 원고를 검토하고 많은 의견을 주신 사계절출판사의 최일주 팀장과 늘 제가 하는 일에 관심을 가지고 지켜보며 여러 의견을 주었던 아내와 아들 환이에게 고마운 마음을 전합니다. 그리고 레오나르도 다빈치의 삶과 작품을 보는 다양한 관점을 가르쳐 주셨던 로마의 달라이 에밀리아니 교수(Prof. Dalai Emiliani)와 루치아나 카사넬리 교수(Prof. Luciana Cassanelli), 피렌체에서 레오나르도와 연관된 여러 가지 전시를 함께 보러 다니며 미술사를 보는 관점을 함께 확장했던 동료 알렉산드로 그라시(Alessandro Grassi)에게도 감사의 마음을 전합니다.

2016년 여름 최병진

차례

머리말

1. 레오나르도, 너, 거기서 뭐하니? · 8
2. 베로키오 공방에서 그림을 배우다 · 20
3. 인물의 내면을 그리다 · 42
4. 레오나르도, 밀라노로 가 주게 · 50
5. 바위산에서 요한과 예수가 만나다 · 64
6. 루도비코는 내 남자다 · 70

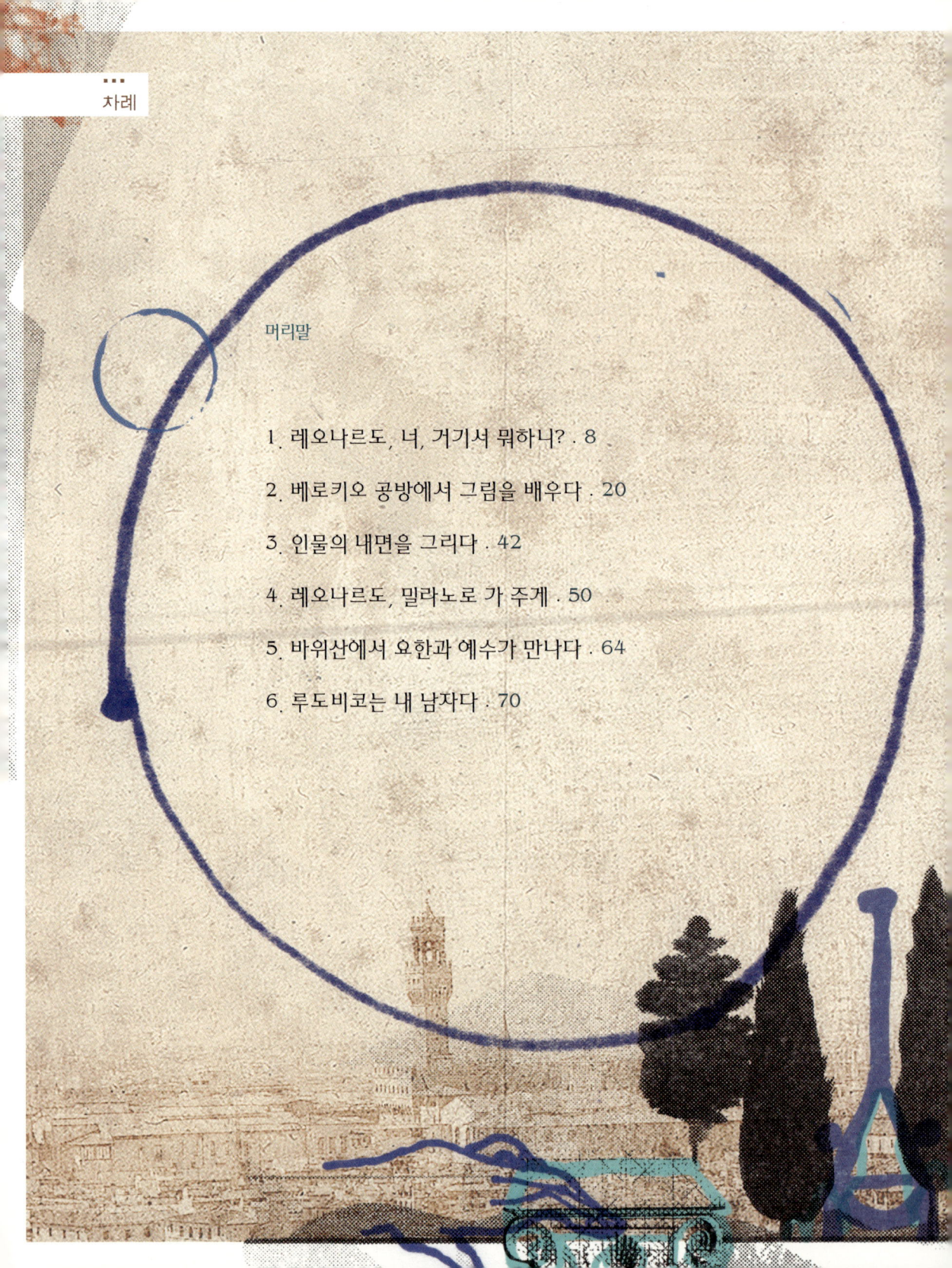

7. 너희 가운데 한 사람이 나를 배신할 것이다! . 82

8. 레오나르도, 피렌체로 돌아오다 . 102

9. 리자는 정말 빙긋 웃고 있는 것일까? . 114

10. 시청 벽화, 세계의 미술학교가 되다 . 130

11. 회화는 과학인가, 아닌가 . 144

부록　레오나르도 다빈치의 생애

1
레오나르도, 너, 거기서 뭐하니?

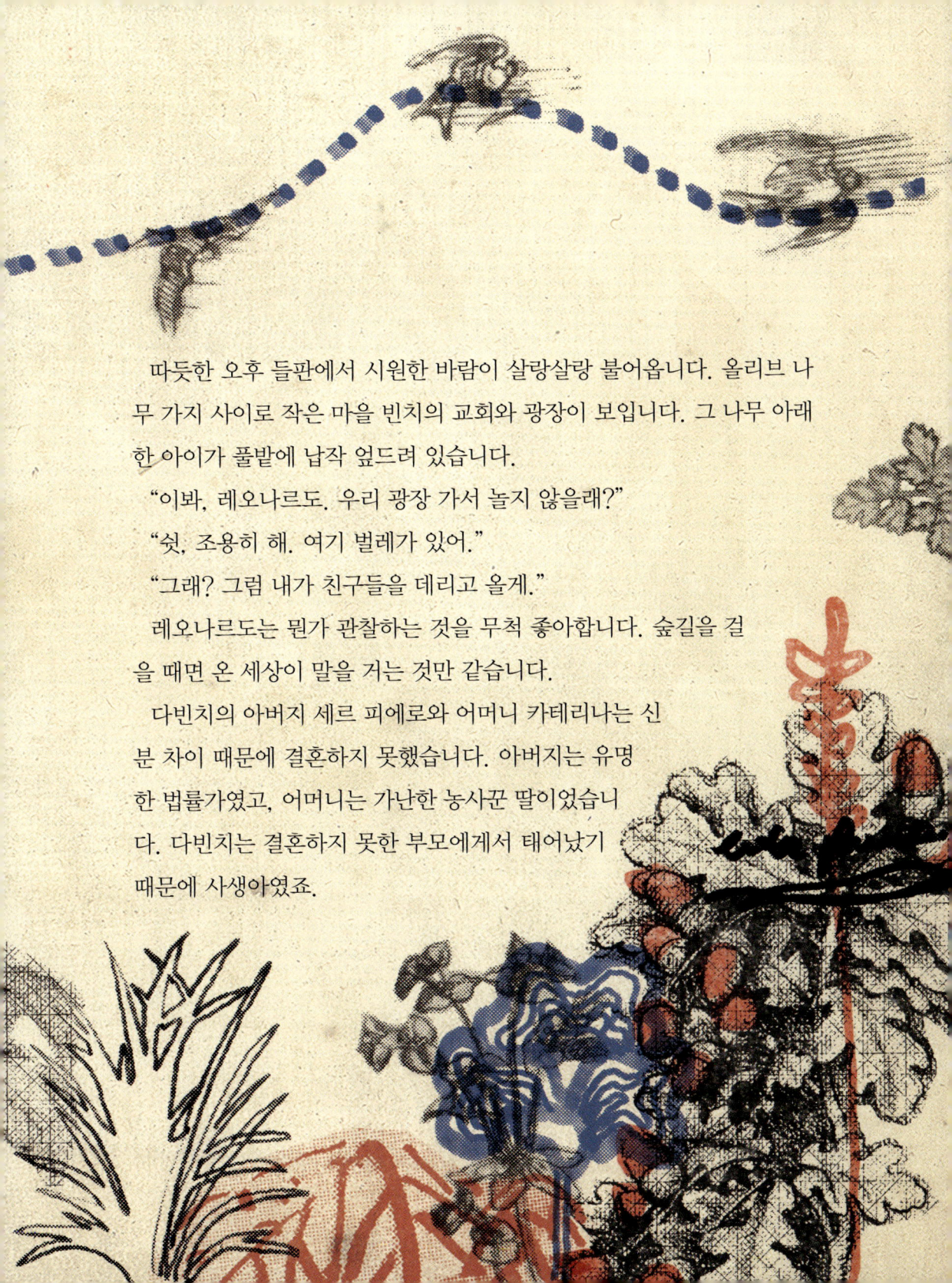

따듯한 오후 들판에서 시원한 바람이 살랑살랑 불어옵니다. 올리브 나무 가지 사이로 작은 마을 빈치의 교회와 광장이 보입니다. 그 나무 아래 한 아이가 풀밭에 납작 엎드려 있습니다.
"이봐, 레오나르도. 우리 광장 가서 놀지 않을래?"
"쉿, 조용히 해. 여기 벌레가 있어."
"그래? 그럼 내가 친구들을 데리고 올게."
레오나르도는 뭔가 관찰하는 것을 무척 좋아합니다. 숲길을 걸을 때면 온 세상이 말을 거는 것만 같습니다.
다빈치의 아버지 세르 피에로와 어머니 카테리나는 신분 차이 때문에 결혼하지 못했습니다. 아버지는 유명한 법률가였고, 어머니는 가난한 농사꾼 딸이었습니다. 다빈치는 결혼하지 못한 부모에게서 태어났기 때문에 사생아였죠.

〈아르노 골짜기 풍경〉

　아버지는 네 번이나 결혼했습니다. 그때마다 형제들이 늘었지요. 하지만 사생아는 레오나르도 혼자였습니다. 아버지와 새어머니도 다른 형제들처럼 레오나르도를 공평하게 대해 주었지만, 그는 집보다 들판에서 뛰어노는 것이 더 좋았습니다.

　풀밭에 누워 하늘과 구름을 보는 것이 좋았고, 바람에 강물이 흔들리는 모습, 작은 동물을 보는 것이 좋았습니다. 봄이 되면 들판에 지천으로 피는 꽃도 흥미로웠습니다. 친구들에게 자신이 본 것을 들려주었고, 친구들은 레오나르도의 이야기에 푹 빠져들었습니다. 가끔 설명하면서 나뭇가

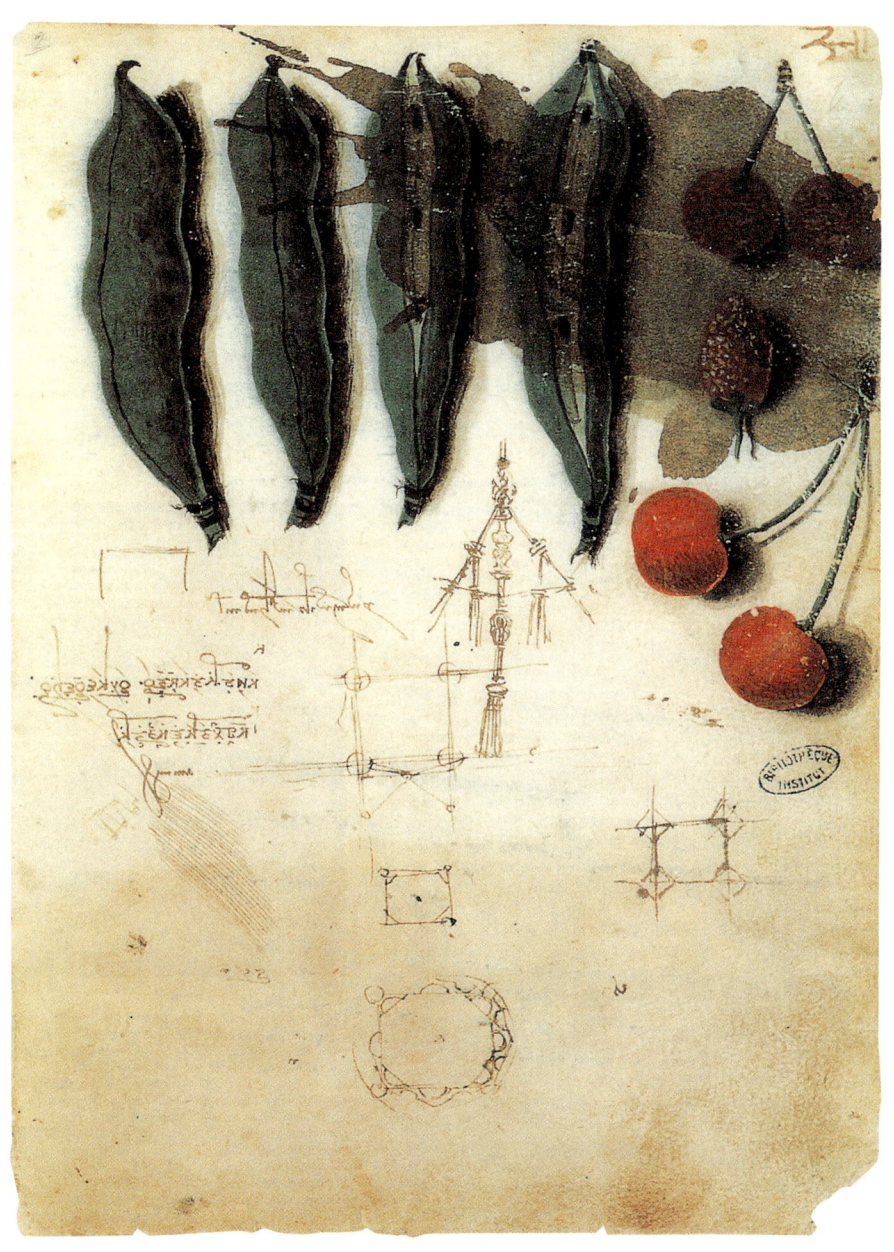

〈어린 시절 열매 그림〉

지로 땅에 그림을 그리기도 했죠.

　이탈리아에서 사생아가 할 수 있는 일은 별로 없었습니다. 법률가나 은행가 같은 상류층 직업은 꿈도 꾸지 못했습니다. 오전에 집에 있을 때면 아버지는 레오나르도에게 산수와 이탈리아어를 가르쳤습니다. 그때 이탈리아는 지방마다 말이 달라 의사소통이 힘들었습니다. 다만 라틴어만큼은 상류층과 지식인이 쓰는 말이었고, 그들만의 공용어였습니다. 공문서나 책도 라틴어로 썼습니다. 하지만 신분이 높지 않은 사람은 라틴어를 배울 필요가 없었습니다. 배우더라도 딱히 쓸모가 없었습니다. 아버지는 라틴어를 가르치지 않았습니다. 그가 상인이나 기술자가 될 수밖에 없을 거라고 생각했기 때문이지요. 레오나르도에겐 아쉬운 일이었지만 그 대신 더 많이 뛰어놀 수 있고, 직접 눈으로 보고 배울 수 있었습니다.

　레오나르도가 열 살이 되었을 때 아버지는 뛰어난 공증인으로 인정받았습니다. 공증인은 땅의 임대나 유산 상속 같은 것을 문서로 쓰는 일을 합니다. 피에로는 공정하고 명확한 문장으로 사람들을 만족시켰습니다. 그는 곧 능력을 인정받고 고향 마을을 떠나 피렌체의 시청 법률가로 일하게 되었습니다. 게다가 높은 지위도 보장받았죠. 레오나르도 식구들은 시골 마을 빈치를 떠나 그곳에서 30킬로미터 떨어진 피렌체로 이사했습니다. 피렌체 가운데서도 도시의 심장이라 할 수 있는 시청 광장 근처에 새로운 보금자리를 꾸렸습니다.

　피렌체는 이탈리아에서 가장 화려하고 생기가 넘치는 도시입니다. 어린 레오나르도의 눈에 비친 피렌체는 그야말로 새로운 세상이었습니다. 아버지는 일감이 많아져 정신이 없었습니다. 레오나르도는 다른 형제들보다 공부를 덜했습니다. 공부를 해도 소용이 없기 때문이죠. 그 대신 날마다 골목을 누비며 사람들을 구경했습니다.

피렌체 아르노 강가에는 화려한 상점이 줄지어 있습니다. 레오나르도는 이곳에서 처음 보는 물건도 볼 수 있었습니다. 강가에서 시청으로 다가갈수록 값비싼 물건을 파는 곳이 많았습니다. 시청 옆에 상류층 가문이 많았기 때문이죠. 상인들은 희귀한 외국 물건을 진열하고, 비단이나 자수를 놓은 천으로 옷을 지어 파는 의상실도 있었습니다. 몇몇 상인들은 사람들의 눈길을 사로잡으려고 서커스 공연도 했습니다. 저녁이 되면 시청에서 퇴근하는 사람들을 붙들기 위해 화려한 횃불을 켰습니다.

레오나르도는 이 모든 것이 신기했습니다. 그중에서도 예술가들의 상점은 마술처럼 보였습니다. 그들은 주문자가 원하는 것은 무엇이든 만들어 주었고, 아름다운 보석과 그림, 금과 은을 자유자재로 다루었습니다. 이곳을 공방이라 합니다. 공방은 상인들이 미술품을 판매하는 곳이 아니라 예술가들이 주문자가 원하는 것을 직접 만들어 파는 곳입니다.

어느 날 저녁 아버지는 퇴근길에 공방 앞에서 넋을 잃고 서 있는 아들을 보았습니다.

"레오나르도, 너, 거기서 뭐하니?"

"아아, 아버지……, 어떻게 저렇게 아름다운 물건을 만들 수 있죠?"

"으음, 정말 그렇구나. 그런데, 너는 저게 좋니?"
"예. 아주 멋져요!"
"……, 오늘은 늦었으니 집에 가자꾸나."

그 뒤로도 아버지는 미술 공방 앞에서 레오나르도를 자주 봤습니다. 사실 아버지는 그 미술 공방 주인을 잘 알고 있었습니다. 가게 주인은 조각, 회화, 금속 세공에 뛰어난 예술가 베로키오였습니다.

그 무렵 이탈리아는 불안정했습니다. 프랑스나 독일처럼 하나의 왕국이 통치를 하는 나라가 아니었습니다. 도시마다 군주제, 공화정, 교황령처럼 갖가지 정치 형태로 백성들을 다스리고 있었지요. 권력자들은 자신의 도시가 가장 힘 있고 멋지다는 것을 알리려 했습니다. 가장 손쉬운 방법 중 하나가 도시를 아름답게 꾸미는 일이었습니다. 이런 일을 할 수 있는 사람은 예술가였습니다. 도시를 방문한 사람들은 도시의 부유함을 보고 다시 찾아왔고, 사람들이 많이 모이는 만큼 물건이 더 많이 팔리고 활기가 넘쳤습니다. 그럴수록 권력자들은 예술가를 찾을 수밖에 없었습니다. 베로키오는 피렌체에서 이런 일을 하는 사람 가운데 가장 유명한 예술가였죠.

그는 피렌체 시청뿐만 아니라 여러 가문에서 주문을 받았고, 그때마다 계약서를 써야 했습니다. 아버지는 계약서를 써 주는 공증인이었기 때문에 베로키오를 자주 만나야 했고, 나중에는 친한 친구 사이가 되었습니다. 지금도 남아 있는 피렌체 산타 마리아 델 피오레 대성당 돔 금빛 십자가는 베로키오가 세운 작품입니다.

본시뇨리 〈드 라 카테나(피렌체 전경)〉
도시를 가르는 강은 아르노 강으로, 사람들이 물고기를 잡고 있다. 피렌체는 무역과 은행을 통해 발전했고, 도시는 나날이 더 커졌다. 강 왼편에는 피렌체의 중심가이면서 구시가지가, 그리고 오른편에는 신시가지가 묘사되어 있다. 옛 시가지 중앙에 피렌체 대성당이 보이고 그 오른편에 시청이 있다.

"이보게, 베로키오. 잘 지냈나?"

"뭐, 별일 없지. 그래, 무슨 일인가?"

"음, 사실 아들 일로 왔다네. 서자라서 나같이 일하긴 어려울 것 같고, 어릴 때부터 그림 그리는 걸 좋아했는데……. 얼마 전엔 자네 가게 앞에서 넋을 놓고 보고 있더군. 그래서 그런데, 내 아들 그림 좀 봐줄 수 있겠나?"

"아……, 그 아이가 자네 아들이었던가? 어디 보세. 으음……, 곧잘 그리는군. 소질이 있네, 있어!"

"그럼, 말 나온 김에 자네가 우리 아들 좀 맡아 줄 수 있겠나?"

"누구 부탁인데 거절할 수 있겠나. 우린 친구 사이 아닌가. 내가 데리고 있겠네. 사실 나도 조수가 필요하거든."

베로키오 공방은 주문이 몰리면서 마침 화가와 조수가 필요하던 참이었습니다. 얼마 지나지 않아 베로키오는 레오나르도의 재능을 알아볼 수 있었습니다. 레오나르도는 자신이 본 것을 아주 정확하게 표현했거든요.

베로키오 공방에는 레오나르도뿐만 아니라 산드로 보티첼리, 페루지노, 도메니코 기를란다요, 로렌초 디 크레디가 있었습니다. 이 사람들은 뒷날 레오나르도와 함께 명성을 떨친 화가들입니다. 레오나르도는 뛰어난 친구들 사이에서 자만하지 않고 열심히 배웠습니다.

베로키오 〈피렌체 대성당 돔 꼭대기 보주와 십자가〉

이 성당은 세계에서 네 번째로 큰 성당으로 신도 3만 명이 미사를 볼 수 있다. 1296년부터 짓기 시작하여 1436년에 완공했다. 하지만 그때에는 둥근 돔 위에 보주와 십자가는 없었다. 보주는 왕권을 상징한다. 보주는 구리로 되어 있고 지름이 244센티미터이며 무게만 2톤이 넘는다. 성당을 완공한 지 35년이 지난 뒤 1471년 5월 27일 땅으로부터 107미터 높이에 보주와 십자가를 얹였다. 보주와 십자가는 베로키오가 맡았고, 올리는 일은 당시 엔지니어들이 힘을 모았다. 이때 레오나르도는 기중기와 도르래의 힘을 알게 된다.

2
베로키오 공방에서 그림을 배우다

그때 공방은 예술가가 될 수 있는 유일한 학교였습니다. 대학은 몸을 움직이면서 하는 일을 가르쳐 주지 않았고, 아카데미 같은 교육 기관도 없었습니다. 뛰어난 예술가의 공방에 들어간다는 것은 맛있는 음식점 요리사에게 요리를 직접 배우는 것과 같습니다. 이렇게 봤을 때 레오나르도는 운이 상당히 좋았다고 할 수 있습니다.

레오나르도는 오전과 오후 내내 그림 재료를 준비했습니다. 그때는 지금 같은 물감이 없었기 때문에 색깔 돌을 빻아서 접착제 구실을 하는 달걀노른자, 무화과 즙, 달팽이 점액 같은 것에 개어서 물감을 만들었습니다. 좋은 물감을 만들어야 그림을 잘 그릴 수 있고, 좋은 물감을 만들려면 색깔 돌을 부드럽게 빻아야 했습니다. 특히 검은색 안료는 오랫동안 색깔 돌을 갈아야 하기 때문에 인내와 끈기가 필요했습니다. 그에 견주어 하늘빛 안료는 그렇게 오래 걸리지 않았습니다. 게다가 그림을 그리는 캔버스도 짰습니다. 캔버스는 그림을 그리는 천인데, 삼베 같은 천에 아교나 카세인을 바르고 그 위에 다시 아마인유, 산화 아연, 밀타승 따위를 섞어 발라야 비로소 그림을 그릴 수 있는 천이 됩니다. 그래서 목수 일도 덤으로 배웠지요.

　하루 일을 정리하기 전에 베로키오는 제자들에게 회화나 조각, 금속 세공을 가르쳐 주었습니다. 끊임없이 주문이 들어왔기 때문에 베로키오 혼자서 그 모든 일을 감당하기는 힘들었습니다. 곁에서 스승의 마음을 잘 읽고 바로바로 해낼 수 있는 제자가 있어야 했습니다. 베로키오는 여러 제자 중에서도 보티첼리와 레오나르도가 회화에 가장 재능이 많다고 생각했습니다.

　어느 날 저녁 베로키오는 두 제자에게 원근법을 가르쳤습니다. 15세기 초 피렌체 화가들은 눈에 보이는 모습을 실제처럼 그리려고 했습니다. 평평한 벽이나 나무판 위에 붓으로 깊이 있는 공간을 그려 냈습니다. 원근

〈동방박사의 경배〉를 그리기 위한 원근법 습작

법(遠近法 멀원 · 가까울근 · 법법)은 말 그대로 멀리 있는 것은 멀리 보이고, 가까이 있는 것은 가까이 보이게 하는 것입니다.

피렌체 예술가들은 창밖으로 보이는 풍경을 보고 원근법을 익혔습니다. 창틀을 캔버스로 생각하고, 창틀 안에 들어오는 풍경을 그림이라 여긴 것이죠.

"좋은 화가가 되려면 원근법을 잘 다룰 줄 알아야 하네. 그래야 그림이

실감나지."

"예, 선생님."

"보게나. 가장 멀리 보이는 곳에 점을 하나 찍고 이렇게 부채 살처럼 사선을 그려 보세. 그리고 이 사선을 따라 사물을 그리는 거네."

"놀랍군요. 가까운 곳은 크게, 먼 곳은 점점 작게 그리니까 꼭 눈앞에 실제로 보는 장면 같습니다."

"그래. 오늘부터는 이걸 잘 연습해 보게나."

두 제자는 그날부터 원근법을 익히기 시작했습니다. 이 과정에서 레오나르도는 사물을 다시 보게 되었습니다.

베로키오는 레오나르도의 작품을 눈여겨보았습니다. 레오나르도는 가르쳐 준 것만 그리지 않고 가끔 놀라운 장면을 그려 냈습니다.

베로키오는 혼자 중얼거렸습니다.

"이제, 피에로에게도 면목이 좀 서겠군."

며칠 뒤 베로키오가 레오나르도를 불렀습니다.

"레오나르도. 지금 막 화가 협회에서 오는 길이네."

협회에서는 수준 높은 작가를 선정하고, 독립적으로 작업할 수 있는 권한을 줬습니다. 예술가들의 권익을 지키는 단체이죠.

"오늘 오전에 일이 있으셨단 말은 들었습니다만……."

"자네에게 좋은 소식을 들려주지. 내가 자네를 화가로 등록했네. 이제 자네는 더 이상 조수가 아닐세. 자네가 원하면 바로 공방을 차려도 좋네."

레오나르도는 깜짝 놀랐습니다.

"선생님, 아닙니다. 저는 아직 선생님에게 배울 게 많습니다."

"……, 그런가? 그럼 보티첼리와 함께 당분간 내 일을 좀 도와주게나. 나도 자네를 당장 떠나보내기는 싫으니 말일세."

이때 레오나르도는 막 스무 살이 되었습니다. 그때 그는 공방을 차릴 수 있는 정식 화가로 인정을 받은 것입니다.

베로키오 공방은 피렌체에서 가장 뛰어난 작품을 생산했습니다. 보티첼리나 레오나르도도 차츰 알려지기 시작했지만 사람들은 여전히 베로키오에게 작품을 주문했습니다. 뛰어난 제자를 가르친 선생님이라면 더 좋은 작품을 제작할 수 있다고 여겼기 때문입니다. 더구나 제자를 알뜰히 배려하는 만큼 피렌체 시민들의 존경도 받았죠.

어느 날 베로키오는 두 사람을 불렀습니다.

"레오나르도, 보티첼리, 작업실로 따라 오게."

"예, 스승님."

"부탁이 있네. 내가 이 그림을 완성할 시간이 없네. 자네들이 좀 도와주게나."

베로키오가 부탁한 그림은 〈그리스도의 세례〉였습니다. 당시 작품을 많이 주문한 곳은 교회였습니다. 당연히 그리스도의 삶을 다룬 작품이 많았죠. 이 가운데서도 그리스도가 세례 받는 장면은 그리스도의 삶에서 아주 중요한 장면 가운데 하나입니다. 이 그림은 산 살비 수도원에서 주문한 것입니다. 그리스도는 요한에게 세례를 받습니다. 요한은 피렌체를 지켜 주는 수호성인이기도 합니다. 그래서 이 그림의 중심인물은 요한이라 할 수 있습니다. '세례 받는 그리스도'는 교회뿐만 아니라 시청이나 피렌체 명문가에서도 가장 많이 주문하는 소재 가운데 하나였죠.

세례(洗禮 씻을세 · 예도례)는 말 그대로 물로 몸을 씻는 의식입니다. 하지만 씻을 때 목욕을 하듯 씻는 것이 아니라 흐르는 물에 몸을 잠깐 완전히 담그는 것이죠. 몸을 물속에 담그는 행위는 내 몸에 있는 죄와 깨끗하지 못한 모든 것을 씻어 내는 것이 됩니다. 이렇게 해야 새롭게 다시 태어나는 것이고, 교회의 정식 신자가 되는 것입니다.

"이보게, 레오나르도. 자네는 왼쪽 천사를 완성하게. 그리고 보티첼리, 자네는 오른쪽 천사를 그려 주면 좋겠네. 그동안 나는 다른 작품을 검토하겠네."

두 제자는 기분이 좋았습니다. 선생님의 작품에 참여한다는 것은 화가로서 능력을 인정받는 일이거든요. 레오나르도는 열심히 그렸습니다.

베로키오는 중요한 부분은 자기가 그렸지만 제자들에게 작품 세부를 맡기기도 했습니다. 몹시 바빴던 베로키오는 제자들에게 맡긴 그림을 까맣게 잊고 있었습니다.

며칠 뒤 아침 베로키오는 그림을 보고 순간 숨이 멎는 줄 알았습니다. 레오나르도에게 맡긴 부분이 너무 놀라웠기 때문입니다.

베로키오 〈그리스도의 세례〉

베로키오는 레오나르도를 불렀습니다.

"레오나르도, 자네에게 경의를 표하네. 이제 나는 다시는 붓을 들지 않을 거야!"

베로키오는 여자 천사 모습을 보고 깜짝 놀랐습니다. 천사 겉옷 주름이

좀 거칠기는 하지만 몸의 각도와 얼굴빛이 아주 남달랐거든요.

"레오나르도, 정말 훌륭하군. 이만하면 되겠어. 자넨 앞으로 우리 공방에 그림 주문이 들어오면 나를 좀 거들게나. 나는 조각과 금은세공에 더 마음을 쏟고 싶네."

"네, 잘 알겠습니다."

〈그리스도의 세례〉는 성경에 있는 구절로, 예수가 이스라엘 요단강에서 선지자 요한에게 세례를 받는 장면을 그린 그림입니다. 《성경》〈마태복음〉의 한 구절입니다.

> 예수께서 세례를 받으시고 물에서 올라오자 홀연히 하늘이 열리고 하느님의 성령 비둘기가 예수님 위로 내려오는 것이 보였다. 그때 하늘에서 이런 소리가 들려왔다.
> "이는 내 사랑하는 아들, 내 마음에 드는 아들이다."
>
> −〈마태복음〉 3장 4절~17절

베로키오는 이 구절에 따라 요단강에서 세례 받는 예수를 그렸습니다. 요한은 예수보다 6개월 먼저 태어났고, 요단강 일대에서 유대인의 신 야훼(하느님)의 뜻을 알리는 선지자였습니다. 어느 날 예수가 찾아와서 세례를 부탁하죠. 성경에는 요한이 "낙타 털옷을 입고 허리에 가죽 띠를 두르고 메뚜기와 들 꿀을 먹으며 살았다"고 나옵니다. 그림에서 오른쪽 사람

보티첼리 〈비너스의 탄생〉

이 요한입니다. 요한이 놋대접에 요단강 물을 떠서 예수의 머리에 천천히 붓고 있습니다. 요한의 옷차림을 보면 화려한 비단 겉옷 안에 검은 속옷을 입었는데, 이 옷이 바로 낙타 털옷입니다. 예수는 두 손을 모으고 세례를 받고 있습니다. 그러자 하늘에서 하느님 야훼가 성령 비둘기를 보냅니다. 여기까지는 성경에 나와 있는 구절을 그대로 따랐습니다. 베로키오는 여기에다 무릎을 꿇고 기다리는 천사 둘을 그려 넣고 싶었습니다. 예수 바로 옆 사내아이 천사는 보티첼리에게 맡기고, 그 옆에 여자아이 천사는 레오나르도에게 그리게 한 거죠. 그런데 보티첼리가 그린 오른쪽 사내아이 천사를 봐 보세요. 왼쪽 천사를 물끄러미 보고 있는데, 과연 이 천사는 무슨 생각을 하고 있는 걸까요? 여러분도 한번 생각해 봤으면 좋겠습니다.

자세히 보면 레오나르도가 그린 천사가 눈에 더 잘 띕니다. 그 까닭은 레오나르도가 새로운 기법을 썼기 때문입니다. 그때 화가들은 색깔 돌가루를 달걀흰자나 노른자에 개어 나무판에 칠하는 템페라 기법을 썼습니다. 그런데 달걀 물감은 바르면 너무 빨리 마르기 때문에 다양한 효과를 내기가 어렵습니다. 레오나르도는 고민 끝에 돌가루에 식물성 기름을 섞어 그렸습니다. 당시 유화 기법, 즉 색깔 안료를 기름에 개어 쓰는 기법이 막 알려지고 있을 때였죠. 기름 물감을 쓰면 빨리 마르지 않기 때문에 물감을 아주 얇게 덧칠할 수 있고, 또 부드럽게 색을 여러 번 겹쳐 칠하면서 그림을 생동감 있게 표현할 수 있습니다.

이때 베로키오 공방에서 같이 그림을 그렸던 보티첼리도 레오나르도의 그림을 보고 영향을 받습니다. 그는 레오나르도가 색을 겹쳐 칠해 내는 효과를 곁에서 배웠고, 나중에 〈비너스의 탄생〉 같은 작품을 그릴 수 있었습니다.

화가협회에 가입한 뒤 레오나르도는 여러 시인과 학자를 만날 수 있었습니다. 레오나르도는 비록 라틴어를 할 줄 몰라 고전을 읽지 못했지만 이 사람들을 만나면서 새로운 지식을 듣고 알게 되었습니다.

피렌체 문화를 이끌던 지식인과 상류층 사이에서 레오나르도는 점차 인정을 받기 시작했습니다. 이들 중 피렌체 예술가들을 후원하고 있었던 로렌초 데 메디치의 귀에도 들어갔죠. 권력가들은 대중들에게 자신들의 생각을 알리고 설득하는 데 예술작품만큼 좋은 것이 없다고 생각했습니다.

1472년 여름, 산 보르톨로메오 교회에서 한 수도사가 베로키오 공방으로 찾아옵니다.

"레오나르도, 우리 교회에 수태 고지 한 점을 그려 줄 수 있나요?"

"〈누가복음〉에 나와 있는 수태 고지 말씀입니까?"

"네, 맞아요."

"그런데 어떻게 그리면 좋을까요? 지금까지 여러 화가들이 그렸는데, 마리아와 가브리엘 천사 중에서 누구 시점으로 그리면 좋을까요?"

"으음……, 거기까지는 생각하지 못했습니다."

레오나르도는 어떻게 그려야 할지 고민했습니다. 여러 선배 화가들이 그린 '수태 고지' 그림을 살펴보고 연구하고 또 연구했습니다.

수태 고지(受胎 告知 받을수·아이밸태·알릴고·알지)는 야훼(하느님)의 종 가브리엘 천사가 마리아를 찾아와 신의 은총으로 이 세상을 구원할 예수를 낳을 것이라는 사실을 일러 준다는 이야기입니다. 그때 마리아는 다윗 가문의 요셉과 막 약혼한 처지였습니다. 아래 이야기는 〈누가복음〉에 나와 있는 수태 고지 구절입니다.

엘리사벳이 아기를 가진 지 여섯 달이 되었을 때 하느님은 천사 가브리엘을 갈릴레아 지방 나자렛 마을로 보내시어 다윗 가문의 요셉과 약혼한 처녀를 찾아가게 한다. 그 처녀의 이름은 마리아다. 천사는 마리아 집으로 들어가 인사한다.

"은총을 가득 받은 이여, 기뻐하라. 주께서 너와 함께 계신다."

마리아는 몹시 당황하여 도대체 이 인사말이 무슨 뜻일까, 하고 곰곰이 생각한다.

가브리엘 천사는 하느님 야훼의 말을 전한다.

"두려워하지 말라. 마리아, 너는 하느님의 은총을 받았다. 이제 아기를 가져 아들을 낳을 터이니 이름을 예수라 하여라. 그 아기는 위대한 분이 되어 지극히 높으신 하느님의 아들이 될 것이다. 하느님이 그에게 조상 다윗의 왕위를 주시어 야곱의 후손을 영원히 다스리는 왕이 되게 할 것이고, 그의 나라는 끝이 없을 것이다."

〈수태 고지〉
가브리엘 천사 왼쪽 옆 나무는 사이프러스다. 이탈리아 피렌체에서 많이 볼 수 있다. 가브리엘 천사의 날개는 맹금류의 날개와 비슷한데, 후대에 다른 화가가 끝에 밤빛을 칠해 날개 끝을 길게 해 버렸다. 그래서 사이프러스 나무줄기 두 개를 파고 들어갔다. 성서대와 그 아래 복잡한 장식이 있는 탁자는 너무 감상자 쪽에 가깝고, 마리아의 오른손은 왼손에 견주어 팔 길이가 더 길게 보인다.

이 말을 듣고 마리아가 묻는다.

"이 몸은 처녀입니다. 어떻게 그런 일이 있을 수 있겠습니까?"

천사는 이렇게 대답한다.

"성령이 너에게 내려오시고 지극히 높으신 분의 힘이 감싸 주실 것이다. 그러므로 태어나실 그 거룩한 아기를 하느님의 아들이라 부를 것이다. 네 친척 엘리사벳을 보아라. 아기를 낳지 못하는 여자라고들 하지만, 그 늙은 나이에도 아기를 가진 지 벌써 여섯 달이나 되었다. 하느님이 하시는 일은 안 되는 일이 없다."

이 말을 듣고 마리아는,

"이 몸은 주님의 종입니다. 지금 말씀대로 저에게 이루어지기를 바랍니다."

하고 대답한다. 그러자 천사는 마리아에게서 떠나간다.

—〈누가복음〉 1장 26절~38절

당시 교회에서는 수태 고지를 아주 중요하게 여겼습니다. 가브리엘이 마리아를 찾아온 날은 예수의 탄생일인 12월 25일로부터 정확히 9달 전 3월 25일입니다. 교회는 해마다 이날이 오면 수태 고지 축제를 벌입니다. 교회에서 수태 고지를 중요하게 여긴 까닭은 하느님의 말씀이 곧 '현실'이 되는 사실과 관계가 있습니다.

수태 고지 이야기에서 마리아는, "이 몸은 처녀입니다. 어떻게 그런 일이 있을 수 있겠습니까?" 하면서 가브리엘의 말을 믿지 않으려 합니다.

〈수태 고지〉 부분

그러자 가브리엘은 "하느님이 하시는 일은 안 되는 일이 없다"고 합니다. 하느님은 뭐든지 할 수 있는 전지전능한 신이라는 것입니다. 그리고 마리아가, "이 몸은 주님의 종입니다. 지금 말씀대로 저에게 이루어지기를 바랍니다." 하고 주님의 말씀을 따른다고 했을 때, 다시 말해 하느님에게 순종했을 때, 바로 그 순간 마리아의 몸에는 아기 예수가 잉태됩니다. 하느님의 말씀이 곧 현실이 되는 순간인 거죠. 이렇게 교회는 〈수태 고지〉 그림을 예배당이나 회랑에 걸어 두고, 신도들에게 하느님의 말이 곧 현실이

되는 것을 보여 주고 싶었던 것입니다.

　레오나르도는 수태 고지 무대를 '실내'에서 '집 밖'으로 옮깁니다. 마리아는 보면대 위에 성경을 놓고 읽고 있습니다. 그때 갑자기 하늘에서 가브리엘 천사가 날아옵니다. 천사의 날갯짓 바람에 성경이 팔락거리며 넘어가자 얼른 오른손으로 성경을 짚습니다.

　마리아는 순간 놀라 왼손을 들고 몸을 꼿꼿이 세웁니다. 마리아의 왼손은 당혹감이나 두려움의 손짓이라기보다는 인간의 자연스러운, 낯선 것에 대한 '경계'의 몸짓이라 할 수 있습니다. 천사는 오른발 무릎을 꿇고 오른손을 들어 "두려워하지 말라. 마리아, 너는 하느님의 은총을 받았다." 합니다. 하지만 마리아의 얼굴은 놀라는 낯빛도 두려워하는 얼굴도 아닙니다. 오히려 차분한 얼굴로 천사 가브리엘을 바라만 볼 뿐입니다.

　하느님의 종 천사가 왔는데도 마리아는 두려워하지 않고, 무릎을 꿇고 두 손을 모아 순종하는 몸짓을 해 보이지 않습니다. 전혀 낮은 자세가 아니고, 일어서지도 않고, 그 자리에 그대로 앉아

신의 사자를 맞이합니다. 오히려 두 인물 사이에는 긴장감마저 흐르고, 마리아한테는 당당함마저 느껴집니다. 마리아의 오른손을 한번 보세요. 우리들의 눈은 가브리엘과 마리아를 번갈아 보다가 이내 마리아의 오른손으로 모아질 수밖에 없습니다. 성서를 지그시 짚고 있습니다. 여기서 두 인물 사이에 흐르는 긴장감이 사르르르 풀어집니다.

가브리엘이 왼손에 쥐고 있는 꽃은 백합입니다. 이 꽃은 마리아의 순결을 뜻할 뿐만 아니라 피렌체를 상징하는 꽃이기도 합니다. 또 가브리엘 발밑에는 갖가지 국화와 들꽃이 피어 있습니다. 수태 고지 날이 온갖 꽃이 피어나는 봄날 3월 25일이라는 것을 뜻합니다. 이렇게 레오나르도의 〈수태고지〉는 수많은 화가들이 그린 장면과는 너무나 다르고 파격적이었습니다.

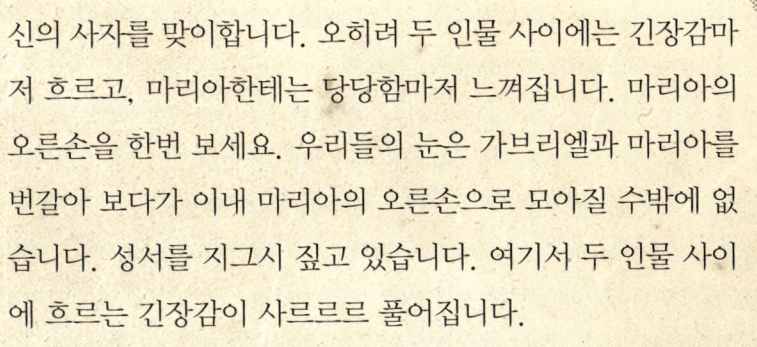

3

인물의 내면을 그리다

    1478년 무렵입니다.

  베네치아 피렌체 대사 베르나르도 벰보가 그의 여자 친구 지네브라와 함께 베로키오 공방에 찾아옵니다. 벰보는 레오나르도에게 지네브라의 초상화를 부탁합니다. 벰보도 지네브라도 둘 다 결혼을 했지만 정신적으로 많은 교감을 나누는 친한 친구 사이였습니다.

  벰보는 지네브라 초상화를 다른 누구도 아닌 레오나르도에게 맡기고 싶었습니다. 그는 얼마 전에 〈그리스도의 세례〉의 천사 얼굴을 보고 피렌체에서 지네브라의 맑고 아름다운 얼굴을 그릴 수 있는 화가로는 레오나르도밖에 없다고 생각했습니다.

  지네브라는 1457년 피렌체 남부 안델로 지방 벤치 가문에서 태어났습니다. 벤치 가문은 피렌체에서 메디치 가문 다음 가는 부유한 은행가 집안이

<지네브라 데 벤치의 초상>
이 그림은 나무판(패널)에 석고를 바르고 그 위에 그렸다. 세로가 38센티미터밖에 안 되는 아주 작은 그림이다. 모나리자의 절반 크기밖에 안 된다. 더구나 목 아래로 몸이 너무 없어 답답하기까지 하다. 학자들은 유화에만 자라는 곰팡이를 없애면서 오른쪽 몇 센티미터와 아래 16센티미터쯤을 잘라내지 않았을까, 하고 짐작한다. 다시 말해 맨 처음에는 허리쯤까지 그려 가슴과 손을 볼 수 있었을 거라는 이야기다.

그리스 로마 주화에 나오는 알렉산더의 측면 이미지

그리스 로마 주화에 나오는 카이사르의 측면 이미지

었습니다. 1474년 지네브라는 17살 때 직물 무역업자 니콜리니와 결혼합니다. 그리고 그 이듬해 피렌체에 온 베네치아 대사 벰보를 알게 됩니다. 벰보는 자신의 메모장에 "지네브라는 피렌체에서 가장 아름답고, 미덕과 예절이 빼어나다"고 할 정도로 지네브라를 좋아합니다. 어떤 시인은 "도시를 통틀어 지네브라보다 더 아름답고 겸손한 여인은 찾아볼 수 없다"고까지 합니다. 지네브라는 피렌체에서 예쁠 뿐만 아니라 아주 똑똑하고 덕스러운 성품으로 칭찬이 자자했습니다. 더구나 시인이기도 했죠. 그래서 여러 시인과 문화계 사람들과도 친분이 두터웠습니다.

레오나르도도 지네브라를 알고 지냈습니다. 아버지 피에로가 지네브라의 아버지 아메리고 데 벤치의 금융 계약서 일을 몇 번 해 준 적이 있습니다. 또 지네브라의 오빠 조반니 벤치는 레오나르도의 친한 친구였습니다. 그런 관계로 레오나르도와 지네브라는 몇 번 만난 적이 있습니다.

벰보는 자기 가문의 문장을 보여 주었습니다.

"레오나르도, 초상화 뒤에 이 문장을 장식으로 넣어 주면 좋겠습니다."

레오나르도는 문장에 새겨진 나뭇잎을 천천히 살펴보며 물었습니다.

"이 나뭇잎은 무슨 나뭇잎이죠?"

"아 그거요. 월계수나무하고 대추야자나무입니다. 우리 가문의 상징이죠."

레오나르도는 이 매력적인 여자를 어떻게 그려야 할지 고민합니다. 당시 화가들은 인물화를 그릴 때 옆얼굴 인물화를 많이 그렸습니다. 이런 인물화가 유행한 까닭은 과거 황제들이 동전에 자신의 얼굴을 옆면으로 그려 넣었기 때문입니다. 동전은 색을 쓸 수 없기 때문에 옆모습을 그려야 인물의 성격이나 특징을 잘 붙잡아 나타낼 수 있습니다. 더구나 옛날 동전에 나오는 인물은 아주 유명한 사람이기 때문에 자신도 옆얼굴을 그리면 그와 똑같이 이름난 사람처럼 보일 것이라 여겼습니다.

이 시기에는 그리스 로마 문화를 이상으로 삼고 고대 문화에 관심이 많았습니다. 또 역사의 교훈을 알면 동시대를 잘 이해할 수 있다는 생각이 유행했습니다. 역사가는 이 시대 이루어진 고전의 부흥을 강조하기 위해

'르네상스'라는 이름을 붙이죠. 르네상스는 '부흥' 혹은 '재생'을 뜻합니다.

하지만 레오나르도는 옆모습보다는 앞에서 볼 때 인물의 특징이 잘 나타난다고 생각했습니다. 그는 사람들의 고정관념보다 눈에 보이는 것을 더 중요하게 여겼습니다. 그는 지네브라 옆에서 조금씩 지네브라 앞쪽으로 이젤을 옮겨, 적당한 자리에 놓습니다.

"지네브라. 부탁이 있습니다."

"예, 뭔가요?"

"왼쪽 어깨를 살짝 뒤로 하고, 눈은 저를 봐 줄래요?"

"예, 그렇게 하죠."

이렇게 지네브라의 포즈를 바꿔 가면서 초상을 그려 나갔습니다. 그림을 그리면서도 레오나르도는 '어떻게 그려야 할까? 훗날 사람들이 이 초상화를 보고 지네브라가 어떤 여자였는지 알 수 있게 하려면 어떻게 그려야 할까? 신앙심이 깊은 사람이라는 걸 알 수 있어야 할 텐데…….' 하는 생각이 머릿속에서 떠나지 않습니다.

마침 좋은 생각이 떠올랐습니다.

성모 마리아를 그릴 때 늘 등장하는 산과 나무, 강을 배경으로 하는 것입니다. 레오나르도는 조용히 웃으며 중얼거렸습니다.

"뭐, 꼭 눈에 보이는 것만 그려야 하는 것은 아니니까."

그는 지네브라가 신앙심이 깊다는 사실을 성모 마리아의 배경을 통해 나타낸 것입니다. 그런 다음 지네브라 뒤편에 엄청나게 큰 로뎀나무를 그려 넣습니다.

　43쪽에 있는 그림을 보세요. 지네브라 데 벤치(Ginevra de' Benci 1457~1520)의 초상화입니다. 로뎀나무가 머리 뒤에서 짙은 그늘을 드리우고 있습니다. 해는 로뎀나무 뒤에서 비치고 있고요. 로뎀나무 바로 오른쪽에 월계수나무가 강둑에 곧게 서 있습니다. 이 월계수나무 바로 밑 강에 햇빛이 비치고 있고요. 강둑 너머로 마을 교회 첨탑도 두 개나 보입니다.

　지네브라는 왼쪽 어깨를 살짝 뒤로 틀고, 얼굴은 그림을 그리는 레오나르도를 보고 있습니다. 가르마가 시작되는 이마 위쪽을 보면 머리카락이 하나도 없는데, 이는 당시 상류층 여자들이 면도기로 이마의 머리카락을 밀었기 때문입니다. 머리는 양옆으로 펌을 했네요. 머리 뒤에 긴 머리를 감싸 묶었던 머리띠 같은 게 살짝 보입니다.

　얼굴빛과 피부 빛은 밝기는 하지만 창백하고 건강한 상태는 아닌 것 같습니다. 실제로 지네브라는 무슨 병인지는 알려져 있지 않지만 몹시 몸이 안 좋았다고 합니다. 또 결혼을 했는데도 아이가 생기지 않았습니다. 레오나르도는 밝은 얼굴빛을 그리기 위해 그림면을 손가락으로 문지르기도 했습니다. 이런 흔적은 그림 속 지문으로도 확인할 수 있습니다. 입은 꼭 다물고 언제까지나 말을 하고 싶어 하지 않을 듯하네요. 얼굴빛은 우울하고 차갑습니다. 따뜻함이 전혀 느껴지지 않는 분위기입니다. 그런데 이렇게 무겁고 차가운 느낌을 단번에 풀어 주는 것이 있습니다. 바로 은갈색입니다. 이 색은 고요한 분위기에 '활력'을 불어넣고 있습니다.

〈지네브라 데 벤치의 초상〉 뒷면 장식

오른쪽 위를 보면 빨간 인장이 찍혀 있다. 이 인장은 유럽의 작은 나라 리히텐슈타인공국(서울의 4분의 1 면적) 왕가의 도장이다. 초상화는 1967년 리히텐슈타인공국 왕가 박물관에서 미국 워싱턴 국립미술관으로 팔리는데, 그때 돈으로 500만 달러(57억)였다. 워싱턴 국립미술관 1층에 들어서면 전시실 중앙에 벽을 세우고 가운데를 뚫어 그 사이에 초상화를 넣어 앞뒤에서 볼 수 있도록 되어 있다. 이 장식은 지네브라의 애인 벰보 가문의 문장이다. 가장 왼쪽에 사철 내내 늘 푸른 월계수나무, 가운데에 로뎀나무, 오른쪽에 대추야자나무 잎이다. 종이 리본에 써진 말은 라틴어로, "장식이 덕목을 알려 준다(VIRTUTEM FORMA DECORAT)"는 말이다. 그리고 바탕은 붉은빛 대리석 표면으로 장식했다. 지네브라의 아름다움과 덕이 돌처럼 영원할 것이라는 것을 말하고 있다.

이 그림은 여러 가지 수수께끼 같은 상징으로 지네브라를 설명하고 있습니다. 그림의 배경이 된 산, 나무, 강은 신앙심을 상징합니다. 액자 뒤에는 벰보가 부탁한 그의 가문의 상징인 대추야자나무와 월계수나무 그리고 "장식이 덕목을 알려 준다"는 수수께끼 같은 구절이 있습니다. 늘 푸른 월계수나무는 한결같은 믿음을 뜻하고, 대추야자나무는 '생명의 나무'로 알려져 있습니다. 사물에 덕이 있는 것은 아닙니다. 사람들의 장점을 덕이라고 하고, 덕의 여러 종류를 덕목이라고 하죠. 그림에서 장식은 지네브라 둘레뿐만 아니라 이렇게 그림 뒷면에도 있습니다. 이 장식을 잘 헤아려보면 지네브라의 성격이나 덕목을 짐작할 수 있습니다. 이제 이 인물화는 인물의 성격과 덕목을 알아볼 수 있는 그림으로 변한 것이죠.

4
레오나르도, 밀라노로 가 주게

레오나르도가 피렌체를 좋아했던 만큼 피렌체 시민들도 레오나르도를 좋아했습니다. 레오나르도는 재능 있고 사교적이면서 아주 유쾌했습니다. 더구나 겸손한 화가였습니다. 이 무렵 피렌체는 경제적 전성기를 열기 시작합니다. 이탈리아 중부 작은 도시 피렌체는 무역과 은행업으로 경제 규모가 영국의 60배나 되는 경제 중심지로 성장합니다. 그런 만큼 다른 지역 왕이나 권력자들은 피렌체에 눈독을 들입니다.

피렌체 아래에 로마의 교황령이 있습니다. 당시 교황령은 교황이 권력을 쥐고 있었던 작은 나라이고, 다른 이탈리아 도시처럼 서로 경쟁하고 있었습니다. 이 시기 로마를 이끌던 교황은 식스투스 4세였죠. 그는 피렌

피렌체 전경

〈로렌초 얼굴 소묘〉

체의 메디치 가문이 달갑지 않았습니다. 메디치 가문은 은행가인 만큼 실리에 밝았고, 종교보다는 돈벌이에 더 관심을 두었습니다. 교황청은 피렌체에서 메디치 가문의 경쟁자인 파치 가문을 후원했습니다. 파치 가문은 교황청과 관계가 좋았거든요.

1478년 파치 가문 사람들이 메디치 가문의 로렌초 데 메디치의 형 줄리아노 데 메디치를 살해하는 일이 일어났습니다. 이 사건으로 피렌체는 분열하고 위기에 빠집니다. 이 와중에 살아남은 로렌초 데 메디치는 시민들에게 이 사건의 진실을 알리고 파치 가문 사람들을 붙잡아 법정에 세웁니다. 파치 가문의 반역자들은 공개 처형을 당합니다. 교황청은 파치 가문을 돕겠다고 급히 군사를 보내지만 아무 소용이 없었습니다. 피렌체 시민들이 메디치 가문을 지지했거든요. 교황청 군사들은 별 소득도 없이 발길을 돌려야 했습니다. 이 일이 있고 난 뒤 로렌초는 로마 교황청과 사이 좋게 지내려고 여러 모로 관심을 기울입니다.

피렌체는 이탈리아의 다른 도시처럼 군주나 무력을 바탕으로 성장한 도시가 아닙니다. 피렌체는 부를 축적했지만 그것이 뛰어난 군대가 있어서 가능했던 것은 아닙니다. 레오나르도는 파치 가문의 반란을 겪으면서 건축이 중요하다는 것을 알게 됩니다. 그는 피렌체를 사랑했고, 건물을 잘 지어 놓으면 피렌체를 효과적으로 방어할 수 있다고 생각합니다. 레오나르도는 어린 시절 예술가의 마술 같은 작업을 보고 동경했지만 예술가가 되고 나서는 그 예술이 사회에 기여할 수 있는 부분이 있다고 믿습니다.

로렌초는 형이 죽자 피렌체의 새로운 권력자로 떠오릅니다. 그는 전쟁의 위협 속에서 피렌체의 정치적 안정을 꾀했고, 주변의 크고 작은 나라와 우호적인 관계를 가져야 한다는 것을 깊이 깨달았습니다. 메디치 가문은 여러 나라와 무역을 하면서 문화를 보는 눈이 깨어 있었습니다. 그리고 이웃 나라와 원만한 관계를 가져야 피렌체가 발전할 수 있다고 생각했습니다.

피렌체 시민들은 자신들의 화려한 도시에 자긍심이 대단했습니다. 로렌초가 예술품을 더 많이 주문하고 후원할수록 메디치 가문에 대한 시민들의 신뢰와 호감도 덩달아 높아졌습니다. 로렌초는 파치 가문의 반란을 막고 메디치 가문을 구했던 힘을 바탕으로 피렌체를 최고의 도시로 가꾸고 자신의 가문을 지키기 위해 한 걸음 더 나아갑니다. 그는 뛰어난 예술가를 모아 이웃 나라와의 관계를 개선해 나갑니다. 예술가들을 다른 도시에 보내 그 도시의 권력자들에게 필요한 것을 만들어 주게 했습니다. 이렇게 하자 메디치 가문에 비판적이던 다른 도시의 권력자들의 생각이 바뀌기 시작합니다. 경제적으로 부유했기 때문에 이웃 나라에 호의를 베풀 수 있었고, 이런 호의를 통해 피렌체에 우호적인 분위기를 만들어 낼 수 있었습니다.

어느 날 그는 몇몇 예술가들을 자신의 집으로 초대합니다. 이중에는 레오나르도도 있었죠.

"자네들은 피렌체의 자랑이네. 난 자네들이 피렌체가 아닌 다른 도시에 가서 그 능력을 보여 주면 어떨까 하네만……."

"로렌초 경. 무슨 말인지 잘 모르겠습니다."

"자네들은 예술가이지만 피렌체를 위해 일하는 외교관이라고 생각해 주면 좋겠네. 다른 도시에 가서 작품을 하고, 피렌체의 수준 높은 문화를 보여 주게. 내 벌써 로셀리노와 줄리아노 형제를 나폴리로 보냈다네. 자네 중 몇몇은 로마의 식스투스 교황에게 보내겠네. 가서 교황의 예배당을 장식해 주게나."

르네상스 시대 예술가들은 15세기 중반부터 외교관 노릇을 하기도 했습니다. 로렌초는 예술가의 힘을 잘 알고 있었습니다.

"레오나르도, 자네는 악기도 조금 다룬다고 하던데?"

"예, 로렌초 대공. 저는 비올라 다 브라초를 연주할 줄 압니다."

'비올라 다 브라초'는 바이올린 모양으로 된 악기인데, 여기서 '브라초'는 '팔'을 뜻합니다. 악기를 왼쪽 팔에 얹고 활로 줄을 그어 연주를 하죠. 이 악기에 앞서 '리라 다 브라초'가 있었는데, 이 악기는 줄을 손으로 뜯어 연주를 합니다. 그런데 레오나르도가 활로 연주를 할 수 있게 개량을 한 것입니다. 바이올린의 모태가 된 악기라고 생각하면 됩니다. 레오나르도는 피렌체에서 아주 유명한 비올라 다 브라초 즉흥 연주가였습니다.

"음, 잘됐군. 그럼 자네가 밀라노의 루도비코 대공을 찾아가게나. 그는 음악을 아주 좋아한다네. 아틀란테 밀리오네티도 함께 보내 주겠네. 자네도 알고 있지? 그는 리라를 아주 잘 연주하거든. 루도비코 대공에게 리라도 하나 전해 주게. 그리고 이것은 내가 스포르차 대공에게 보내는 편지일세. 가서 그림도 그리고 자문도 하면서 피렌체가 정치적으로 안정될 수 있도록 노력해 주게."

"예, 곧 준비해서 떠나겠습니다."

베로키오도 전에 세상을 두루 둘러보고 작품을 하라고 한 적이 있습니다. 그는 베네치아까지 가서 큰 기마상을 제작하기도 했죠.

레오나르도는 베로키오에게 밀라노로 가게 됐다고 알렸습니다.

"잘됐네, 레오나르도. 어차피 자네는 내 가게에서 더 배울게 없어. 이번

기회에 세상을 만나고 오게나. 밀라노의 루도비코 대공은 미술, 음악, 건축에 관심이 많다더군. 자네한테도 좋은 기회가 될 걸세."

1482년 그는 마차를 타고 밀라노로 떠났습니다. 레오나르도가 이제 막 서른 살이 되었을 무렵입니다. 그 길은 음악가 아틀란테와 함께했습니다. 그와 음악에 대해 많은 이야기도 나누었습니다.

피렌체에서 밀라노까지는 288킬로미터쯤 되고, 말을 타고 가도 일주일이 걸렸습니다. 레오나르도는 루도비코 대공을 만나 로렌초의 선물 리라와 편지를 전했습니다. 그리고 자신의 소개장을 건넸습니다. 루도비코는 소개장을 읽어 보고 별 말을 하지 않았습니다.

"비올라 다 브라초를 잘 연주한다고?"

"예 조금 할 줄 압니다."

"내 언제 그 연주를 듣고 싶군!"

"불러만 주신다면……."

"그래 잘 알겠네. 내 자네가 할 수 있는 일이 있으면 따로 부르겠네."

그날의 만남은 이것으로 끝이 납니다. 하지만 그 뒤로도 일감은 오지 않습니다. 레오나르도는 낯선 땅 밀라노에서 외롭게 다시 시작해야만 했습니다.

레오나르도는 밀라노 말을 몰랐습니다. 이 무렵 라틴어를 배우기 시작하지만 나이 들어 새로운 언어를 배우는 일은 생각처럼 쉬운 일이 아니었

⟨루도비코 수포르차 일 모로⟩

죠. 하지만 조금씩 라틴어와 밀라노 말을 배우면서 레오나르도는 사교계의 중심인물로 떠오릅니다. 사람들은 이야기를 잘 들어주는 레오나르도에게 호감을 가지게 되었죠.

　레오나르도는 이탈리아 토스카나 출신 루카 파치올리와 많은 이야기를 나누었습니다. 그는 수도사이자 신학과 수학을 잘 아는 인문학자였습니다. 그는 흥미로운 이야기를 끊임없이 들려주었고, 그때마다 레오나르도는 많은 생각을 할 수 있었습니다. 이때 레오나르도는 45살, 파치올리는

52살이었습니다.

 중세 말 유럽에 대학이 설립된 이후 인문학자는 자유롭게 국경을 넘어 여행을 할 수 있었습니다. 그들의 전문 지식이 도시의 문화와 정치를 발전시킬 수 있었기 때문에 어느 도시를 가도 환영을 받았죠. 군주들은 인문학자를 초빙하고 싶어 했고, 파치올리는 그런 사람 가운데 한 사람이었습니다. 루도비코는 밀라노에 와서 수학을 가르쳐 달라고 파치올리를 초청했습니다.

 "인간을 아는 것이야말로 건축에서 가장 중요한 것이 아닐까? 레오나르도, 자네 생각은 어떤가?"

 "글쎄, 저는 아직 거기까지 생각해 보지 못했습니다. 일단 파치올리 씨 생각을 먼저 듣고 싶은데요?"

 "인간을 잘 알면 무얼 짓든 사람에게 가장 편한 공간을 지을 수 있지. 인간의 비례를 기준으로 건축을 하면 편안하고 자연과 잘 어울리는 건물이 될 수 있다네. 예전에 비트루비우스 같은 사람이 보여 준 것처럼 말일세."

 레오나르도는 루카 파치올리가 하는 말이 언제나 재미있고 흥미로웠습니다. 이것이 인연이 되어 레오나르도는 파치올리의 책 《신성한 비례》에 삽화를 그려 주기도 했습니다.

 루도비코는 특정 분야에서 뛰어난 인물을 초빙했습니다. 뛰어난 인물이 몰려들자 밀라노는 이탈리아 북부에서 발전을 거듭할 수 있었습니다. 루도비코는 유능한 인물을 알아보고 모을 수 있는 능력이 남달라 밀라노

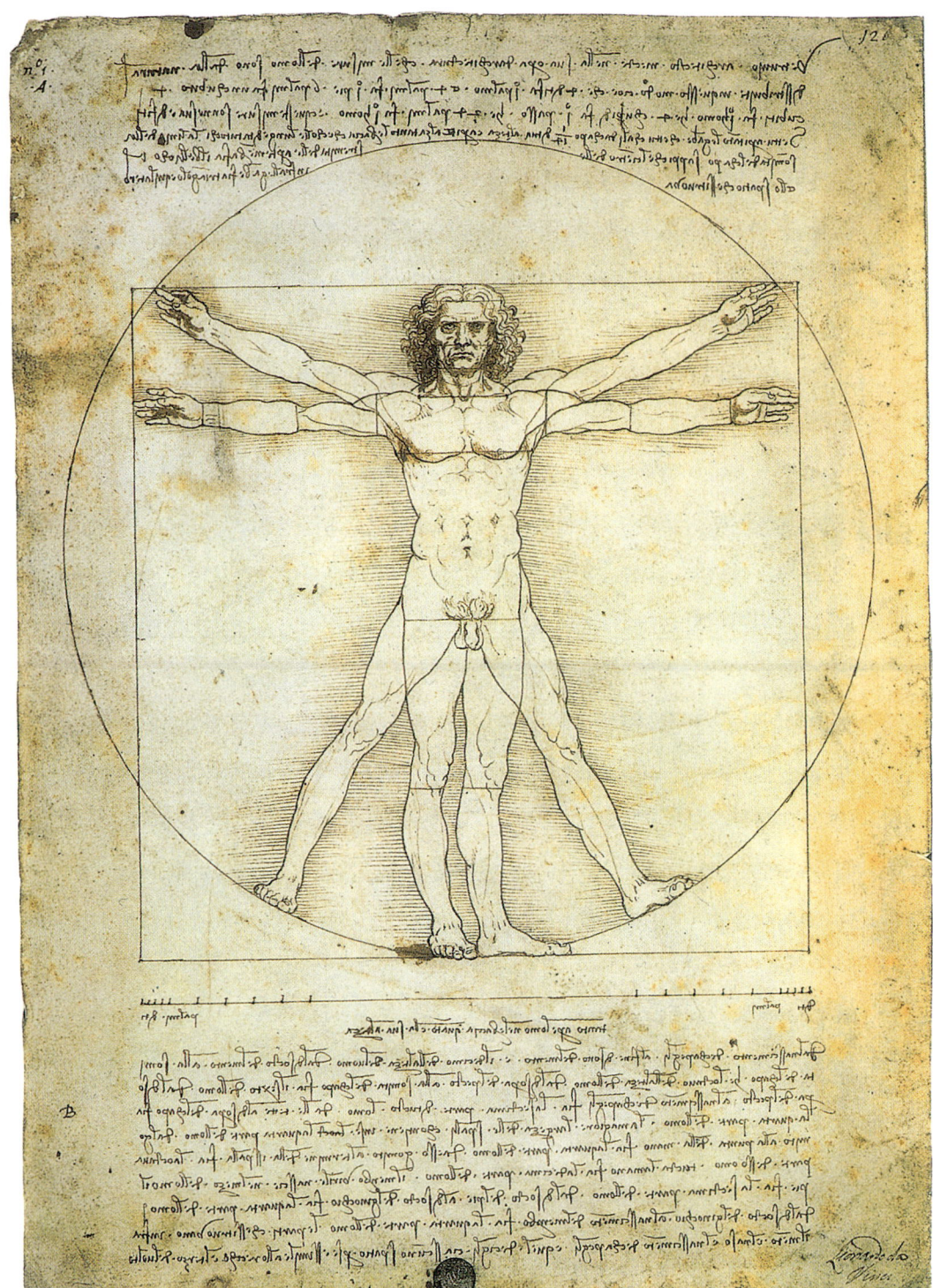

비트루비우스의 <인체의 비례>

야코포 데 바르바리 〈루카 파치올리 초상〉

파치올리는 프란체스코 수도사 옷을 입고 있다. 왼손은 기하학 교본을 짚고, 오른손은 '유클리드'라 써 있는 도판을 가리키고 있다. 책상 위에는 분필, 스펀지, 삼각자, 각도기가 놓여 있고, 그림 오른쪽 책상 위에는 그의 책 《산술집성》이 있다. 그 뒤로 우르비노 공작 귀도발도 다 몬테펠트로가 서 있다. 그림 왼쪽 위에 걸려 있는 것은 다면체 3차원 모델이다.

사람들은 그의 지도력을 높이 인정했습니다.

레오나르도는 이 친구들의 유쾌한 분위기에 매료되었습니다. 게다가 새로 사귄 친구들은 레오나르도가 잘 모르는 것을 많이 들려주었고, 그럴수록 다른 분야에 대한 관심이 자꾸 커졌습니다. 좋은 친구를 만나 새로운 것을 배운다는 것은 언제나 즐거운 일이죠.

  레오나르도는 루도비코를 처음 만났을 때 자기 소개장에 자신을 건축가이자 전쟁 기술자라 했고, 소개장 끝에 짤막하게 화가이자 조각가라 했습니다. 레오나르도가 왜 자신을 피렌체에서 성공한 화가라고 소개하지 않았는지는 알 수 없습니다. 스승 베로키오가 그림뿐만 아니라 건축과 조각에도 일가견이 있었던 점을 헤아려볼 때 그도 새로운 분야를 개척하고 싶었는지 모릅니다.

5

바위산에서 요한과 예수가 만나다

레오나르도는 한동안 밀라노의 강력한 군주 루도비코에게 부름을 받지 못합니다. 레오나르도가 밀라노에서 처음 맡은 일은 루도비코의 일이 아니라 산 프란체스코 그란데 성당이 주문한 제단 그림입니다.

제단 그림은 성당에서 미사를 드리는 제단 벽에 거는 그림입니다. 이 그림은 공간이 있는 제단 벽감 속에 거는 그림인데, 가장 깊숙한 곳 중앙 벽에 하나, 그 양쪽에 두 개를 그리는 작업이었습니다. 그리고 벽감 안에는 성모 마리아와 예수 조각상이 있습니다. 이 가운데 레오나르도가 맡은 그림은 중앙 그림입니다. 이 그림이 바로 '어두운 굴속의 성모 마리아' 〈암굴의 성모〉입니다. 그림은 《성경》〈마태복음〉과 다른 경전에 있는 내용을 담고 있습니다. 이 이야기를 간추리면 다음과 같습니다.

이스라엘의 왕 헤로데는 유대인을 구원해 줄 메시아 예수가 베들레헴에서 태어났다는 말을 듣는다. 그는 베들레헴에서 태어난 아기 가운데 두 살 아래 사내아이를 모두 죽이라고 명령을 내린다. 하지만 하느님은 이 일이 있기 전에 천사 가브리엘을 요셉의 꿈속에 보낸다.

"헤로데가 아기를 찾아 죽이려 하니 어서 일어나 아기와 어머니를 데리고 이집트로 피신하여 내가 알려줄 때까지 거기에 있어라."

요셉은 일어나 그 밤에 바로 아기와 마리아를 데리고 이집트로 떠난다. 요셉 일행은 피난을 가다 요한을 등에 업고 날아오는 천사 우리엘을 만난다. 이때 하느님이 바위산 하나를 가르고 그들을 맞이한다. 그들은 갈라진 바위산에서 하룻밤을 보낸다.

〈암굴의 성모〉는 바로 이 이야기를 담고 있습니다. 이집트로 피신을 가는 중 날이 저물어오자 바위산 갈라진 곳에서 쉬고 있는 모습입니다. 가운데 여인이 아기 예수의 어머니 성모 마리아입니다. 마리아가 오른손으로 어깨를 감싸고 있는 아이가 요한입니다. 요한은 예수보다 여섯 달 빨리 태어났습니다. 요한의 어머니는 엘리사벳이고, 마리아의 이모입니다. 그래서 요한과 예수는 사촌지간이고, 요한은 예수의 형님뻘이 됩니다. 요한이 두 손을 모아 기도를 하면서 예수를 바라보자 예수가 오른손을 올

〈암굴의 성모〉

려 요한을 축복해 줍니다. 예수 뒤에 있는 여자는 천사 우리엘입니다. 우리엘은 '하느님의 불꽃'을 뜻하는 대천사입니다. 우리엘은 오른손으로 요한을 가리킵니다. 등에는 날개가 있지만 배경이 어두워 잘 보이지 않는군요. 그런데 빨간 겉옷 위쪽을 보면 어깨와 등을 가리고 있지 않은 것으로 보아 날개가 있는 것이 분명합니다. 또 자세히 보면 날개가 희미하게 보이기도 합니다. 마리아는 왼손을 예수의 머리 위에 들어 올려 예수를 지켜 주는 손짓을 해 보입니다.

이 그림에서 재미있는 것은 네 인물이 하고 있는 손짓입니다. 마리아의 오른손에서 시작한 손은 요한의 기도, 예수의 축복, 우리엘의 오른손, 마리아의 왼손으로 이어집니다. 무엇보다도 우리는 여기서 천사 우리엘의 눈빛이 어디를 보고 있는지 살펴봐야 합니다. 천사 우리엘 얼굴만 크게 해서 보면, 정확히 그림을 보는 관람자를 보고 있습니다. 사람은 눈빛을 서로 마주치면 쉽게 눈길을 돌릴 수 없습니다. 서로 마주 보면서 그 사람이 왜 자신을 뚫어져라 바라보는지 그 눈빛을 보면서 헤아려 봅니다. 여기서도 마찬가지입니다. 우리엘이 관람자인 우리를 보는 것은 이 그림을 그냥 쉽게 지나치지 말고 좀 자세히 봐 달라는 눈빛이고 바람이라 할 수 있습니다. 그리고 자연스럽게 우리엘이 오른손으로 가리키는 요한을 볼 수밖에 없습니다.

또 하나, 이 그림에서 놓치지 말아야 할 것은 요한과 예수가 있는 자리입니다. 마리아 오른쪽에 예수가 있어야 더 자연스러울 것 같은데, 이 그림에서는 요한이 더 가까이 있습니다. 특히 천사 우리엘은 관람자인 우리에게 요한을 눈여겨보라고 오른손 집게손가락으로 가리키고 있습니다. 이 그림에서는 요한이 예수보다 더 중심인물인 거죠.

이에 대한 해답을 얻으려면 이 그림을 주문한 이들이 어떤 교파인지 알아야 합니다. 그림을 주문한 산 프란체스코 그란데 성당은 프란키스쿠스 수도회 산하 성당이었는데, 이 수도회는 마리아가 원죄에서 벗어난 상태에서 예수를 잉태했다고 믿었습니다.

기독교는 인류의 조상 아담과 하와가 에덴동산에서 선과 악을 구별할 수 있는 선악과를 따 먹으면서 인간은 태어남과 동시에 죄를 짓고 태어난다고 믿었습니다. 선악과를 따 먹지 말라는 하느님 야훼의 명령을 거역했기 때문에 아담과 하와는 죄를 지은 것이고, 그 자식들 또한 태어나면서 그 죄를 물려받는 것입니다. 그래서 막 태어난 아기도 죄를 짓고 태어난 것으로 봅니다. 이것을 원죄(原罪 근원원·허물죄)라 합니다. 선악을 구별한다는 것은 신만이 할 수 있는 일인데 인간이 신이 하는 일을 넘보았기 때문에 죄가 되는 것입니다. 기독교에서 이 원죄는 예수가 십자가에 못 박혀 죽으면서 같이 없어졌다고 봅니다. 그렇다면 예수를 잉태했을 때 마리아는 원죄가 있는 여자일까요? 프란키스쿠스 수도회 사람들은 마리아가 예수를 잉태했을 때 원죄 또한 없어졌다고 봅니다. 만약 그렇지 않다면 원죄가 있는 여자의 몸에서 예수가 태어난 것이 되기 때문입니다. 이렇게 성모 마리아가 예수를 잉태하는 순간 원죄 또한 사라졌다고 보는 것을 어려운 말로 '무염시태(無染始胎 없을무·물들일염·처음시·아이밸태)'라 합니다.

프란키스쿠스 수도회는 예수와 더불어 성 프란키스쿠스와 세례자 요한을 신앙의 대상으로 삼았습니다. 그들은 성모 마리아의 보호를 받으며 예수에게 경배를 드리고, 예수에게 축복을 받는 어린 세례자 요한을 중심인물로 그리면서 자신들의 신앙을 보여 주려 한 것입니다. 이는 자신들의 교파가 성모 마리아의 보호 아래에 있다는 것을 뜻하기도 하죠.

〈암굴의 성모〉가 걸려 있는 제단 벽감은 1년 365일 장막으로 가린 상태로 있다가 무염시태 축제일인 12월 8일 단 하루만 장막을 걷어 개방합니다. 이날 신도들은 제단 벽감 속 성모 마리아와 예수 조각상, 그리고 그 안쪽 벽에 걸린 〈암굴의 성모〉를 보고 예배를 드릴 수 있습니다. 그래서 이 그림을 '어두운 굴속의 성모 마리아'라 하는지도 모릅니다.

이들을 둘러싸고 있는 바위산은 헤로데 왕으로부터 그들을 지켜 주는 성이라 할 수 있습니다. 갖가지 꽃도 볼 수 있는데, 마리아 머리 왼쪽에는 성령의 비둘기를 상징하는 매발톱꽃이, 그 오른쪽 바위에는 충실함과 지속을 뜻하는 담쟁이가, 요한의 머리 위와 오른 무릎 아래에는 평화를 상징하는 종려나무와 붓꽃을 볼 수 있습니다.

6
루도비코는 내 남자다

밀라노는 피렌체와 달랐습니다. 피렌체가 상인과 은행가의 도시이자 여러 가문이 서로 경쟁하면서 발전하는 도시라면, 밀라노는 군주의 국가였습니다. 힘 있는 한 군주가 지배하는 도시이기 때문에 모든 일이 그야말로 일사천리로 진행되었죠.

밀라노의 군주는 루도비코 스포르차 일 모로(Ludovico Il Moro)입니다. 그의 이름에서 '일 모로'는 별명인데, '무어인'이라는 뜻입니다. 그의 머리 빛깔이 검고 피부가 올리브색이 돌아 무어인(moro)이라는 별명이 붙었다고 하지만 원래 이름 마우로(Mauro : 무어인, 검은빛을 뜻한다)에서 온 것이기도 합니다. 루도비코 집안 남자들은 바람둥이가 많았습니다. 할아버지 무쵸 아텐돌로는 세 가지 충고를 남겼는데, 남자들의 바람기가 오죽했으면 그 첫 번째가 "절대로 남의 아내를 건드리지 말아라!"였겠어요.

〈갈레라니 초상〉
왼쪽 위에 써 있는 글씨는 18세기 복원 화가가 써 놓은 말인데, "이마에 아름다운 장식을 한 여인"이란 말이다. 이는 복원 화가가 다른 그림과 혼돈하여 써 놓은 말이다.

루도비코는 여자를 사냥터에 널려 있는 사슴처럼 마음만 먹으면 잡을 수 있는 것으로 여겼습니다. 그는 여러 여인 중에서도 체칠리아 갈레라니(Cecilia Gallerani 1473~1536)를 특히 좋아했습니다. 그가 갈레라니를 만난 때는 1487년입니다. 이때 갈레라니는 열네 살이었고, 루도비코는 서른다섯이었습니다. 열일곱 살 차이가 났지요.

체칠리아의 아버지는 공무원으로 피렌체와 루카에서 대사로 일했고, 어머니는 유명한 법학박사였습니다. 이렇게 집안이 훌륭했지만 아버지가 일곱 살 때 세상을 떠나는 바람에 체칠리아는 힘들게 자랄 수밖에 없었습니다. 하지만 체칠리아는 총명했고, 시를 썼고, 루도비코가 좋아하는 악기 류트를 곧잘 연주했습니다. 루도비코는 마음이 변덕스러웠지만 체칠리아한테는 꼼짝 못했다고 합니다. 그는 체칠리아에게 큰 땅과 성까지 내려주거든요.

루도비코는 조금씩 레오나르도에게 관심을 가지기 시작합니다. 그는 레오나르도가 들고 왔던 소개장을 다시 꺼내 읽어 보았습니다.

"꽤, 흥미로운 인물이야. 어디 이번엔 정말 뛰어난 화가인지 알아봐야겠어. 집사, 레오나르도를 부르게."

"예, 대공."

잠시 후 레오나르도가 도착했습니다.

"레오나르도, 자네는 화가이자 조각가라고 했던 것 같은데, 맞는가?"

"예, 그렇습니다."

"그럼 이번에 갈레라니 인물화를 한 점 그려 주게."

"예, 알겠습니다."

레오나르도가 그린 체칠리아 초상화가 있습니다. 71쪽 그림을 보세요. 이 그림은 〈담비를 안은 여인〉으로 알려져 있습니다. 체칠리아는 몸을 오른쪽으로 살짝 튼 다음 고개를 돌려 왼쪽을 바라보고 있습니다. 마치 그 왼쪽에 루도비코가 있고, 그가 말하는 것을 귀 기울여 듣고 있는 모습입니다. 얼굴은 갸름하고 코도 알맞게 예쁩니다. 무엇보다도 야무지게 보이는 입이 돋보입니다.

시인 베르나르도 벨린치오니는 이 초상화를 보고 쓴 시에서 루도비코를 "이탈리아인 무어, 하얀 담비"라 합니다. 그도 그럴 것이 루도비코는 1488년 나폴리 왕으로부터 법관에 해당하는 지위(the ermine : 담비)를 받습니다. 그는 이것을 기념하여 담비 기사단을 꾸리기도 하죠. 이렇게 봤을 때 담비는 루도비코를 뜻하고, 이 담비가 오른쪽 앞발로 체칠리아를 짚고 있으니까 체칠리아는 루도비코의 여자라는 것을 말해 줍니다. 또한 그 반대로 체칠리아가 담비를 안고 있으니까 루도비코가 체칠리아의 남자라는 것을 말해 주기도 하죠.

루도비코는 1480년 베아트리체 데스테와 결혼 서약을 해 놓은 상태였습니다. 그는 체칠리아를 놔두고 1491년 1월 베아트리체와 결혼을 합니다. 이때 결혼식 행사 연출을 레오나르도가 합니다.

이 그림은 피렌체에서 〈지네브라 데 벤치의 초상〉이 거둔 성공처럼 많은 사람들을 놀라게 합니다. 그는 〈지네브라 데 벤치의 초상〉에서처럼 주문자의 정보와 인물의 특성을 재치 있게 전달하는 데 성공했습니다.

루도비코는 이 작품을 보고 아주 흡족해했습니다.

"레오나르도, 자네 정말 뛰어난 화가이군."

"과찬이십니다."

"아닐세, 갈레라니가 내가 하는 말을 귀 기울여 듣고 있는 것 같구먼."

"자네 스승이 누구였나?"

"예, 베로키오입니다."

"아, 그렇군. 기억나네 기억나. 전에 피렌체에 갔을 때 그처럼 청동상을 잘 만드는 화가를 본 적이 없지. 그럼 자네도 청동을 잘 다루겠군."

"예, 맡겨만 주시면 좋은 작품을 제작해 보여 드리겠습니다."

"자네가 왔을 때 한 말 아직도 기억하는가? 그때 자네는 요새를 파괴하는 법, 안전하고 공격당할 염려가 없는 뚜껑 덮인 전차, 이런 전쟁 기계를 만들 수 있다고 했잖은가. 그런데 그때 소개장 마지막 줄에 내 가문의 영원한 영광이 될 수 있는 청동 기마상 제작도 할 수 있다고 한 것 같은데……, 맞는가?"

"예. 맞습니다."

"사실, 난 아버지 프란체스코 스포르차 대공을 기념할 수 있는 거대한 청동 기마상을 원하네. 내 궁전 앞 광장에 놓을 셈인데……, 자네가 한번

〈프란체스코 스포르차 청동 기마상을 위한 습작〉

만들어 주게. 내 얼마든지 지원해 주겠네."

　루도비코는 얼마 전 레오나르도가 팔라초의 물을 조절하고, 자동으로 장작이 들어가는 난로를 고안했던 것을 눈여겨봤습니다. 그런데 이번에는 갈레라니 초상화를 그려 그를 또 한 번 놀라게 한 것입니다. 더구나 레오나르도가 베로키오의 제자라는 것을 확인하자마자 그에게 청동상을 맡겨도 괜찮을 거라고 판단했습니다. 루도비코는 베로키오가 뛰어난 청동상 제작자라는 사실을 잘 알고 있었습니다. 실제로 1496년 베로키오는 베네치아에서 청동 기마상을 제작하기도 했습니다.

레오나르도는 친구들의 높은 평가와 루도비코의 인정을 받아 '피렌체의 아펠레스'라는 별명이 붙었습니다. 아펠레스는 그리스 시대 최고의 화가입니다.

레오나르도는 자신에게 기회가 찾아왔다는 사실을 알아챘습니다. 청동상 제작은 그림보다 훨씬 더 많은 비용이 들어갑니다. 이 사건은 레오나르도를 그만큼 높이 평가했다는 것을 알려 줍니다. 그리고 루도비코가 아버지의 청동상을 세우는 일은 자신의 권력을 과시하고 가문의 명예를 드높일 수 있는 일이기도 합니다.

그날부터 레오나르도는 밀라노 근교로 나갔습니다. 이곳에서 말이 달리는 모습을 세심하게 관찰했습니다. 말이 달리는 모습을 보고 크로키를 그리고, 새롭게 알게 된 것을 노트에 기록해 나갔죠.

그는 어린 시절부터 동물을 좋아했습니다. 피렌체에 있을 때도 새장 속에 있는 새를 산 뒤 그 자리에서 날려 보내기도 했습니다. 이때 쓴 그의 연구 노트에는 "말 눈은 귀와 크기가 비슷하다"고 써 있습니다. 그는 사물의 정확한 비례와 표정까지 잡아내서 자세히 기록했습니다. 말 특징을 하나도 빼놓지 않고 보이는 모든 부분을 그렸습니다. 시간이 흐를수록 그는 다른 사람들보다 말에 대해 더 잘 알게 되었고, 머릿속에 구체적인 구

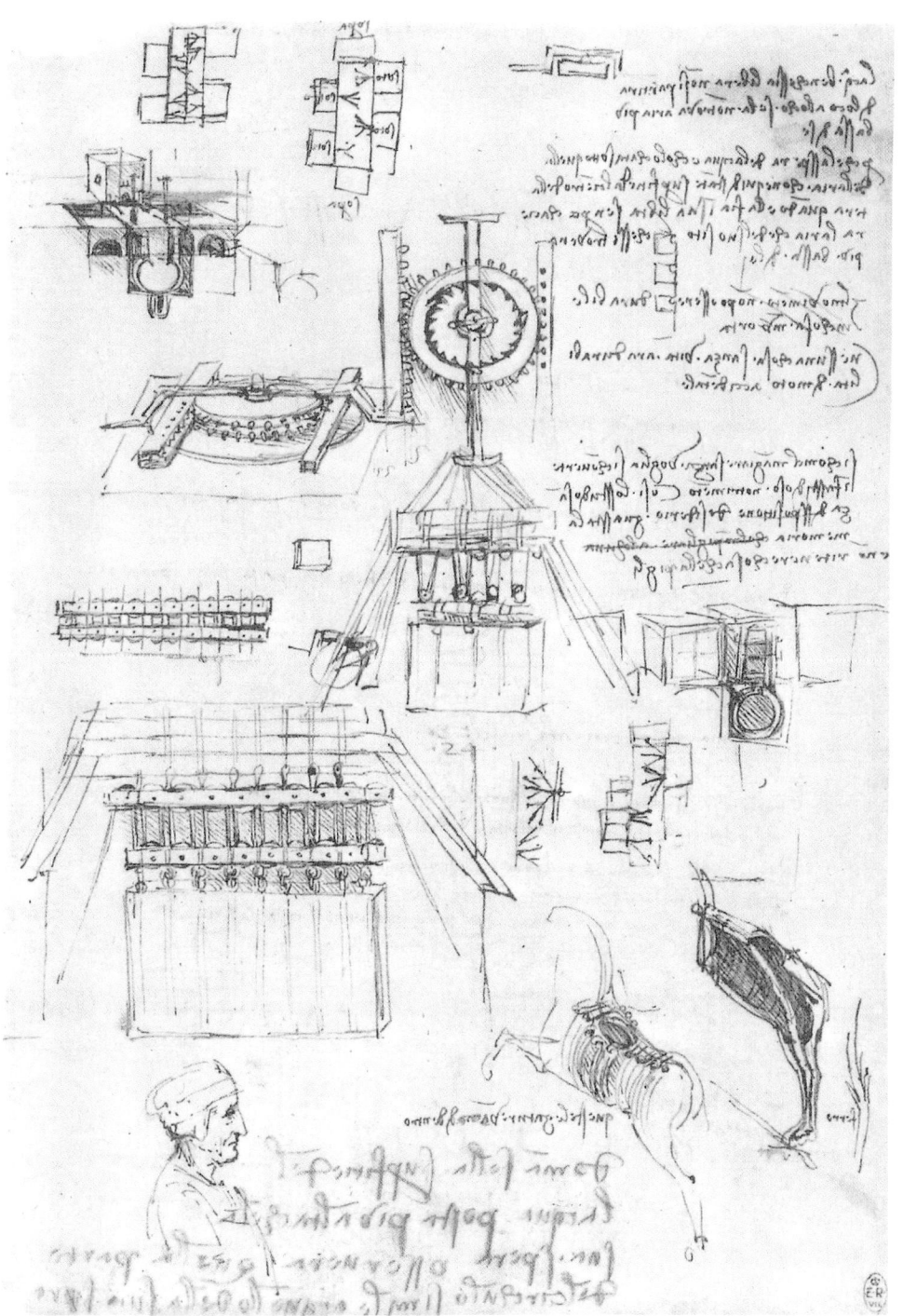

<주물 기획안>

상이 떠올랐습니다.

레오나르도는 청동 기마상 스케치를 그려 루도비코에게 보여 주었습니다.

"놀랍군, 그래. 이 기마상의 높이가 5미터가 넘는다고?"

"예, 이 정도면 광장에 잘 어울리고, 누구나 아버님을 기억할 수 있을 것입니다."

"나는 이렇게 큰 청동상을 한 번도 본 적이 없네. 그런데 진짜 실현 가능한 건가?"

"예, 시간만 충분히 주시면 만들 수 있습니다. 다른 나라에서 다들 놀라워할 겁니다."

"좋네. 자네는 한 번도 나를 실망시킨 적이 없으니, 내 자네만 믿겠네. 필요한 것이 있으면 내 집사와 의논하게나. 내 그에게 미리 말해 두겠네."

"예, 고맙습니다."

레오나르도는 무슨 일을 하든 완벽하게 해야 직성이 풀리는 사람이었습니다. 둘레 사람들의 믿음은 그를 더 완벽하고 노력하는 사람으로 바꾸어 놓았습니다.

그는 이 작업에 애착을 가지고 12년 동안이나 매달렸습니다. 기간이 긴 만큼 중간에 다른 일도 해야 했죠. 하지만 이렇게 오래 걸렸던 이유는 엄청난 규모와 비용 때문이었습니다.

당시 이렇게 큰 청동상을 제작한 사례는 없습니다. 돈도 많이 들었지만

<트리볼치오 기념상을 위한 습작>

기술적인 문제도 해결해야 할 것이 많았습니다. 하지만 루도비코는 이전에 한 번도 제작하지 않았던, 그렇게 크고 대단한 작품을 원했습니다. 그는 레오나르도에게 투자를 아끼지 않았습니다.

레오나르도는 청동 다루는 방법을 깊이 연구했습니다. 하지만 생각보다 작업이 많이 늦어졌습니다. 워낙 크기가 큰 청동상이었고, 거기다 레오나르도는 이 청동상에 그림처럼 섬세한 몸짓을 표현하고 싶었기 때문입니다. 이러한 섬세한 몸동작을 청동으로 표현하려면 그만큼 청동을 잘 다룰 줄 알아야 했습니다.

1493년, 신성로마제국 황제 막시밀리안과 루도비코의 조카딸 비앙카 마리아 스포르차와 결혼을 할 때 청동 기마상 점토 모델이 공개되었습니다. 이 점토 모델 말은 뒷발에서 머리까지 5미터가 넘었습니다. 사람들은 이 점토 모델을 보고 입을 다물 수 없었습니다. 만약 이 점토 원형처럼 청동상을 제작했다면 청동 무게는 60톤도 더 나갔을 것입니다.

이 거대한 청동 기마상은 끝내 완성하지 못했습니다. 프랑스가 밀라노를 침략했기 때문입니다. 청동상 제작에 필요한 청동으로 전쟁 무기 대포를 만든 것입니다.

그때까지도 레오나르도의 점토 모형은 잘 보관되어 있었습니다. 하지만 프랑스 군사들은 이 조각을 예술품으로 생각하지 않았습니다. 루도비코의 영광을 드러내는 작품이라 생각했고, 프랑스인들에게 루도비코는 적의 군주였기 때문입니다. 프랑스 군대는 밀라노 사람들이 지켜보는 가운데 점토 모형에 활 사격 연습을 해 파괴해 버렸습니다. 만약 밀라노가 승리했다면 역사적으로 가장 놀라운 작품이 되었을 것입니다.

7
너희 가운데 한 사람이 나를 배신할 것이다!

　루도비코는 자기 집안의 묘지를 산타 마리아 델레 그라치에 교회에 두기로 마음먹습니다. 그래서 교회 이곳저곳을 공작의 묘지에 걸맞게 손을 봅니다. 또 그 가까이 있는 수도원도 크게 넓힙니다. 교회가 집안의 묘지를 관리하고 지켜 주기 때문에 큰돈을 들여 교회를 보기 좋게 가꾸었던 거지요. 1495년 수도원 식당 공사가 마무리되자 루도비코는 식당 남쪽 벽에는 도나토 디 몬토르파노에게 예수의 십자가 희생을 그려 달라 하고, 북쪽 벽에는 레오나르도에게 예수와 열두 제자의 마지막 저녁 식사 장면을 그려 달라 합니다. 예수는 열두 제자와 마지막으로 저녁밥을 한 끼 한 다음 날 십자가에 못 박히기 때문에 두 그림은 서로 한 짝이 되는 것이죠.
　예수와 열두 제자의 마지막 저녁 식사는 《성경》네 군데에서 나옵니다. 저마다 조금씩 다른데, 이것을 한 이야기로 모아 보았습니다.

산타 마리아 델레 그라치에 수도원

　무교절 첫날 밤 예수와 열두 제자가 한 자리에 모였습니다. 예수는 열두 제자의 발을 씻겨 주고 밥상에 앉아 엄청난 말을 합니다.
　"나는 분명히 말한다. 너희 가운데 한 사람이 나를 팔아넘길 것이다. 그 사람도 지금 나와 함께 저녁을 먹고 있다."
　이 말을 듣고 제자들이 저마다 "주님, 저는 아니겠지요?" 하고 물었다.
　예수가 대답했다.
　"그 사람은 너희 중에 하나인데, 지금 나와 같이 그릇에 손을 대는 자이니라. 사람의 아들은 성서에 기록된 대로 죽음의 길로 가겠지만 사람의 아들을 배반한 그는 참으로 불행하구나. 그는 차라리 이 세상에 태어나지 않았더라

면 좋았을 것이다."

그때 예수를 배반한 유다도 나서서 "선생님, 저는 아니지요?" 하고 묻는다. 그러자 예수가 "그것은 네 말일 뿐이다." 하고 대답한다.

예수는 빵을 들어 제자들에게 떼어 나눠 주며 말한다.

"받아먹어라. 이것은 내 몸이다."

또 잔을 들어 감사의 기도를 올리고 제자들에게 건네자 그들은 잔을 돌려 가며 마신다. 그때 예수가 이렇게 말한다.

"이것은 나의 피다. 나는 너희들의 원죄를 없애 주기 위해 피를 흘릴 것이다. 잘 들어 두어라. 이제부터 나는 아버지의 나라에서 하느님의 나라가 올 때까지, 너희와 함께 새 포도주를 마실 그날까지 결코 포도로 빚은 것을 마시지 않겠다."

나를 기념하여 앞으로 이 예식을 치르거라. 그들은 찬미의 노래를 부르고 올리브 산으로 올라갔다.

무교절(無酵節 없을무·삭힐교·제도절)은 누룩을 넣지 않고 구운 빵을 먹는 명절입니다. 고대 이스라엘 사람들은 3월 14일부터 21일까지 8일 동안 누룩을 넣지 않고 구운 빵을 먹으며 애굽(이집트)의 수난과 하느님의 은혜를 되새겼습니다.

레오나르도의 〈최후의 만찬〉은 위 이야기에서 예수가 열두 제자와 저녁을 먹으면서 "너희 가운데 한 사람이 나를 팔아넘길 것이다!" 이렇게 폭

탄선언을 했을 때, 바로 그 순간 제자들의 반응을 그렸습니다. 이 순간이야말로 '마지막 저녁 식사'에서 최고 절정의 순간이죠.

이때 예수를 배반한 유다가 "선생님, 저는 아니지요?" 하고 묻습니다. 다른 제자들은 '주님'이라 하지만 유다는 '선생님'이라 합니다. 유다는 전날 유대교 대사제를 찾아가 예수를 넘겨주겠다고 하고 은전 서른 닢을 챙겼거든요. 그래서 그에게 예수는 마음으로 섬기는 '주님'이 아니라 '랍비(스승)'일 뿐입니다. 은전 서른 닢이라 해 봐야 당시 노예 하나 값이었습니다.

예수와 열두 제자의 '마지막 저녁 식사' 장면은 레오나르도뿐만 아니라 수많은 화가들이 그렸던 그림입니다. 주로 수도원이나 교회 식당 벽을 장식하는 그림이었죠. 레오나르도는 예수를 가운데 두고 양쪽에 여섯 제자를 앉혔습니다. 그런데 이 여섯 제자는 또 세 사람씩 짝을 이루고 있습니다.

예수 오른쪽 요한은 눈을 감고 손은 깍지를 끼고 생각에 잠겨 있습니다. 그는 아마 이때 '드디어 올 것이 왔구나!' 하고 있는지 모릅니다. 이때 성미 급하기로 소문난 베드로가 반쯤 일어나 왼손으로 요한의 어깨를 짚고, 눈짓으로 예수를 가리키며 요한에게 누가 배신자인지 물어보라고 합니다. 베드로가 유다를 밀치면서 요한 가까이 가는 바람에 유다는 오른 팔꿈치를 밥상에 부딪칩니다. 이때 유다는 몸의 중심을 잃고 소금 그릇을 엎지르고 맙니다. 유다는 오른손에 은 서른 닢이 든 돈주머니를 꼭 쥐고 있고, 왼손은 그릇 가까이 가 있습니다. 예수의 오른손 또한 그릇 가까이

바돌로매
작은야고보
안드레
베드로
가룟 유다
요한
예수
큰야고보
도마
빌립
마태
다대오
시몬

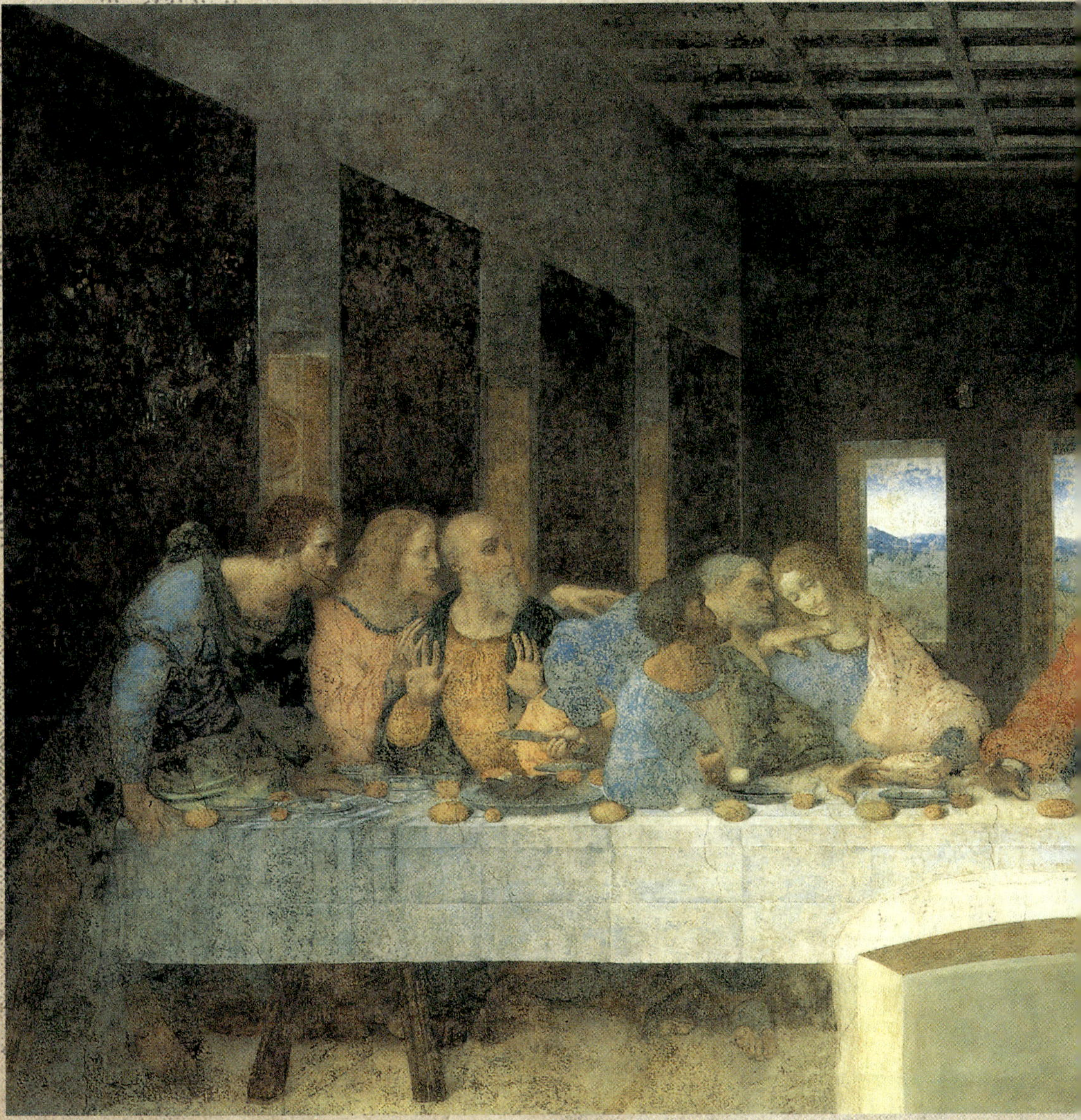

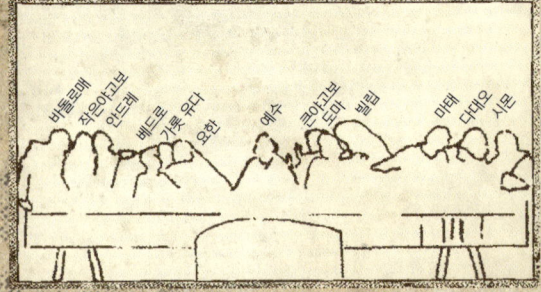

〈최후의 만찬〉
밀라노 산타 마리아 델레 그라치에 식당. 식당 벽에 원근감을 줘 커다란 공간을 만들었다. 창문 밖은 저녁이 아니라 대낮이다. 1625년 수도원에서 예수님 발 있는 곳에 문을 내 버리는 바람에 지금은 이와 같은 모양이 되어 있다. 1979년부터 1999년까지, 20년에 걸쳐 복원한 것이 지금 위 사진과 같은 모습이다. 이때 한 복원은 과거 수도 없이 덧칠되어 있는 물감을 떼어내는 것이었다.

있습니다. 이는 예수가 나를 배신할 사람이 있다 하면서, "나와 함께 그릇에 손을 대는 자가 나를 팔리라." 하는 대목을 말하고 있습니다. 베드로는 양고기를 썰다가 칼을 쥔 채 요한에게 다가가는데, 오른손 모양이 이상합니다. 이 자세에서는 칼을 이렇게 쥘 수 없거든요. 이것은 레오나르도가 잘못 그린 것이 아니라 그 뒤 덧칠을 하면서 바뀐 것으로 볼 수 있습니다.

베드로 오른쪽에 있는 이는 그의 동생 안드레입니다. 안드레는 두 손 손바닥을 펴고 겁에 질려 예수를 바라보고 있습니다. 안드레 오른쪽은 작은야고보입니다. 그는 왼손을 뻗어 흥분한 베드로를 말리고 있습니다. 이는 맞은편 마태가 두 손을 뻗어 빌립과 예수를 잇듯, 작은야고보의 왼손 또한 베드로와 예수를 잇는 것으로 볼 수 있습니다. 작은야고보는 예수와 가장 많이 닮아 있습니다. 가장 왼쪽에서 두 손을 식탁에 짚고 일어선 이는 바돌로매입니다. 그는 요한을 바라보고 있습니다. 요한이 예수에게서 무언가 들었을 것이라 믿으며 귀를 기울이고 있는 것이죠.

예수 바로 왼쪽에서 두 손을 들고 입을 조금 벌리고 있는 이는 큰야고보입니다. 그는 요한의 제자인데, 베드로처럼 성격이 불같았습니다. 큰야고보는 예수가 끌려가는 것이 마치 지금 앞에서 펼쳐진 일처럼 놀라고 있습니다. 의심 많은 도마는 큰야고보 어깨 뒤에서 손가락으로 하늘을 가리키면서 "하느님께서도 이 일을 알고 계시냐?" 묻고 있습니다. 큰야고보 왼쪽의 빌립은 일어나서 두 손을 가슴에 모으면서 "주님, 저는 그 자가 아닙니다! 주님도 제 순결한 마음을 잘 아시지 않습니까!" 하면서 자신의 결백을 주장하고 있고요.

　빌립 왼쪽의 마태는 두 손을 예수 쪽으로 뻗으면서 진지한 얼굴로 식탁 맨 오른쪽 시몬을 바라봅니다. 빌립이 뻗은 두 손은 예수와 연결되고 그들의 대화 또한 예수와 관련된 것이라는 것을 말해 줍니다. 마태 왼쪽 다대오는 손등을 아래로 한 채, "내가 뭐랬어? 언젠가 이런 일이 일어날 거라고 했잖아!" 하면서 오른손 등으로 식탁을 탁탁 내리칠 기세입니다. 시몬은 이 세 사람 중에서 가장 나이가 많습니다. 그는 손바닥을 위로 한 채 들고, "그래. 그렇다면 지금 우리가 당장 무엇을 해야 하지?" 합니다.

　이렇게 레오나르도는 열두 제자를 셋씩 네 그룹으로 나누어, 그들의 낯빛, 손짓, 몸짓으로 극적인 순간을 잘 붙잡아 그려 내고 있습니다. 그런데 행운이 따르지 않았습니다. 레오나르도는 그림 바닥 벽에 석고를 발랐지만 프레스코 기법으로 그리지 않았습니다. 프레스코 기법은 축축한 회벽 위에 그림을 그려 석고와 물감이 같이 마르게 하는 것입니다. 그러면 그림면이 석고와 같이 굳어 오랫동안 그 모습 그대로 유지됩니다. 1500년 전 고구려 벽화가 바로 프레스코 기법으로 그린 것입니다. 그래서 지금까지도 그 모습을 간직하고 있는 것이죠. 그런데 이렇게 하려면 석고가 마르기 전에 그려야 하기 때문에 아주 빨리 그려야 합니다. 대신 섬세한 표현을 하기 힘듭니다. 레오나르도는 마른 회벽에 그렸습니다. 그는 이렇게 그리더라도 프레스코 벽화처럼 되기를 바랐을 겁니다. 하지만 그의 바람과는 달리 채 20년도 안 지나 1517년에 물감 안료가 떨어져 나가기 시작

D.간디니 〈'최후의 만찬' 제작 현장을 방문한 루도비코와 그의 부인〉

합니다. 그리고 1550년에는 얼룩 덩어리를 빼고는 아무것도 보이지 않을 지경에 이릅니다. 이렇게 되자 수도 없이 복원의 손길이 미칩니다. 그래서 지금의 그림은 레오나르도가 처음 그렸던 그림하고는 많이 다릅니다.

루도비코는 전쟁을 치르면서 레오나르도가 처음에 자신을 소개했을 때 '전쟁 기술자'라고 했던 말을 떠올렸습니다. 그래서 밀라노를 방어하기 위해 성의 구조에 대해 자문을 구했습니다. 레오나르도는 효율적인 방어를 위해 성벽을 검토했습니다. 그는 밀라노의 문화를 좋아했기 때문에 이를 지키기 위해 여러 가지 기계를 발명했습니다. 이중에는 유에프오처럼 생긴 전차도 있습니다.

　이 전차는 네다섯 사람이 들어가 움직이면서 모든 방향으로 대포를 쏠 수 있습니다. 하지만 레오나르도는 전쟁이 야만적이라 생각했고, 평화를 사랑했던 사람입니다. 그는 채식을 할 정도로 살아 움직이는 생명을 소중하게 여겼습니다. 그래서 이런 지식이 널리 알려지면 안 된다는 것을 알고 있었습니다. 레오나르도는 전쟁 기계의 설계도 몇 곳을 일부러 작동할 수 없게 그리기도 하고, 작동 원리를 설명하는 글을 거울문자(좌우를 바꾸어 쓴 문자)로 썼습니다. 그는 왼손잡이였는데, 글 또한 왼쪽과 오른쪽을 뒤집어 써 거울에 비춰 봐야 비로소 글자를 읽을 수 있게 한 것입니다. 이 글자는 자신의 생각을 다른 사람이 훔치지 못하도록 개발한 암호 문자라고 알려져 있죠. 레오나르도가 생명을 귀중하게 생각했던 점을 고려해 본다면 확신하기는 어렵지만 지식이 잘못 쓰이는 것을 막고 싶었던 것은 사실인 것 같습니다.

　레오나르도가 루도비코에게 군사 자문을 했는데도 밀라노는 결국 프랑스 군대에 지고 맙니다. 루도비코는 독일로 피난을 가야 했고, 뒷날 프랑스 군대의 포로로 잡혀 성에서 외롭게 저세상으로 떠나고 맙니다. 그 누구도 생각하지 못했던 발명품도 운명의 수레바퀴를 바꿀 수는 없었던 모양입니다. 이때 레오나르도는 47살이었고, 자신을 아껴 주던 후원자를 잃어버렸습니다. 그는 다시 새로운 선택을 해야 했죠.

밀라노가 프랑스에 진 뒤 레오나르도는 파치올리와 이런저런 이야기를 나눕니다.
"이보게. 이젠 어쩔 수 없네. 우리도 떠날 때가 되었군."
"파치올리 씨는 어디로 갈 생각인가요?"
"나는 베네치아로 갈 생각이네. 이탈리아에서 베네치아처럼 번영하는 도시도 없잖은가. 레오나르도, 자네는 고향으로 갈 생각인가?"

"아닙니다. 저도 베네치아로 가고 싶습니다. 베네치아에도 제가 할 만한 일이 있지 않겠습니까? 저와 같이 가시죠. 18년이나 이곳에 머물렀으니, 고향에 가기 전에 다른 도시도 한번 둘러보고 싶습니다."

두 사람은 짐을 싸서 이탈리아 동쪽 도시 베네치아로 출발했습니다. 둘은 베네치아로 가면서 아름다운 도시 만토바를 구경했고, 이곳의 유명한 군주들을 위해 그림 몇 점도 그렸습니다.

1500년 한 세기가 끝나고 새로운 세기가 시작됐을 때 레오나르도는 베네치아에 도착했습니다. 파치올리는 이곳에서 레오나르도가 삽화를 그려 주었던 책을 출간하기도 했죠. 하지만 이곳도 생각처럼 상황이 좋지

않았습니다.

 베네치아 공화국은 그리스를 점령하고 성장하던 이슬람 오트만 제국의 위협을 받고 있었습니다. 레오나르도는 이곳에서 일을 잡기 위해 피렌체와 밀라노에서 연구했던 것을 권력자들에게 보여 주었습니다. 그것은 도시를 방어하기 위한 건축과 발명품이었습니다.

 베네치아는 물의 도시입니다. 지금도 이곳에 가면 건물 아래쪽이 물에 잠겨 있는 것을 볼 수 있습니다. 그는 자연의 힘을 이용하면 도시를 효율적으로 방어할 수 있다고 주장했습니다. 그는 물속에서 오랫동안 활동할 수 있는 잠수복과 오리발, 잠수함 설계도를 보여 주었습니다. 그는 마치

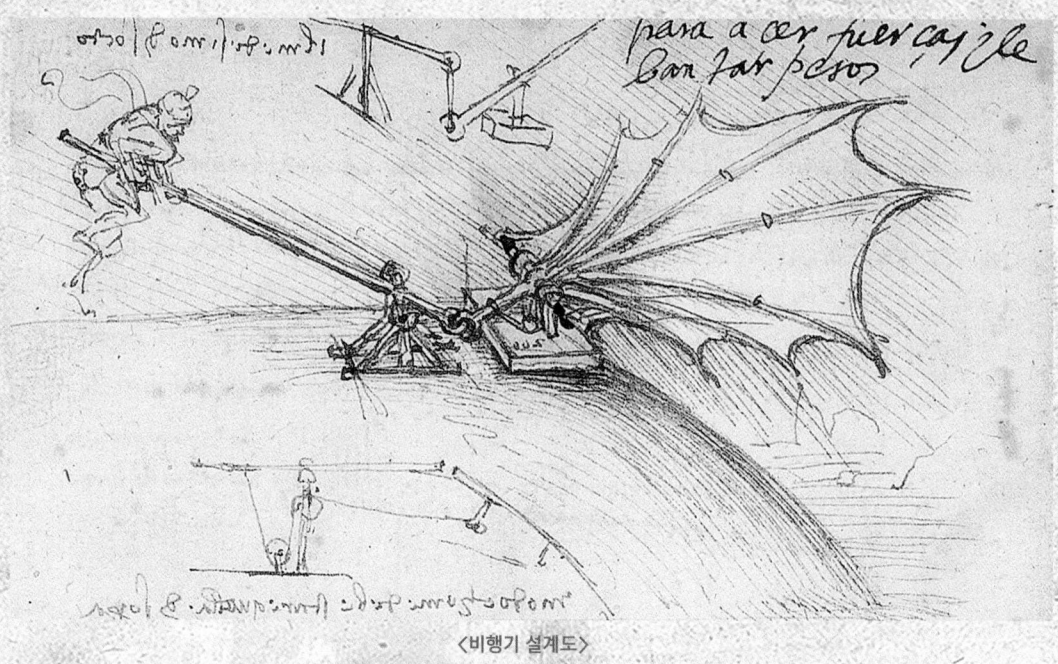

〈비행기 설계도〉

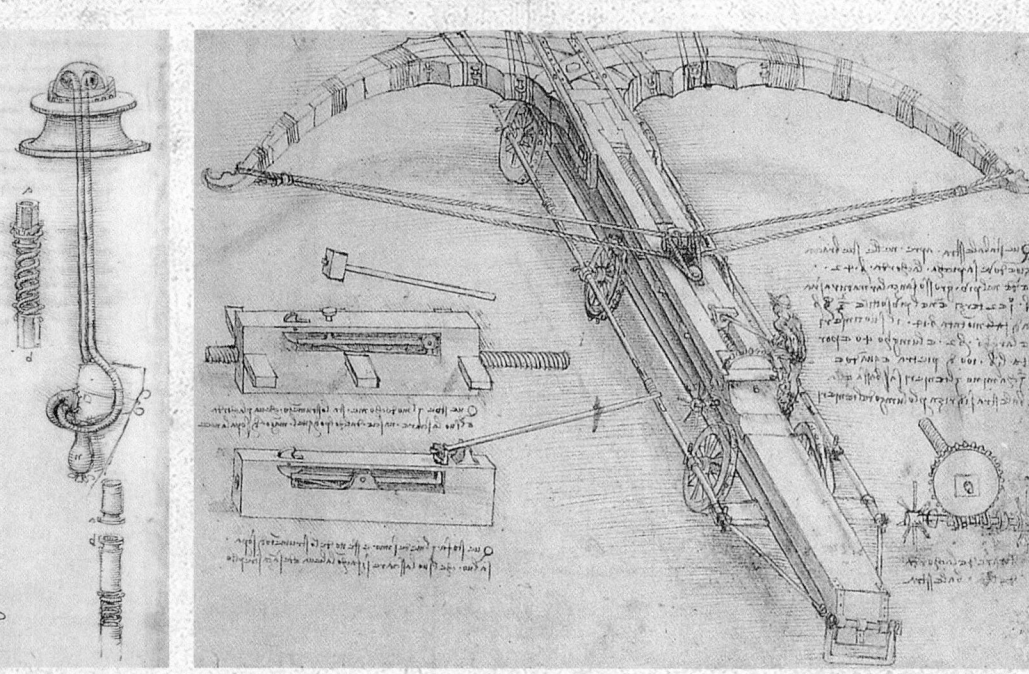

〈잠수부를 위한 기계〉 〈대형 석궁 설계도〉

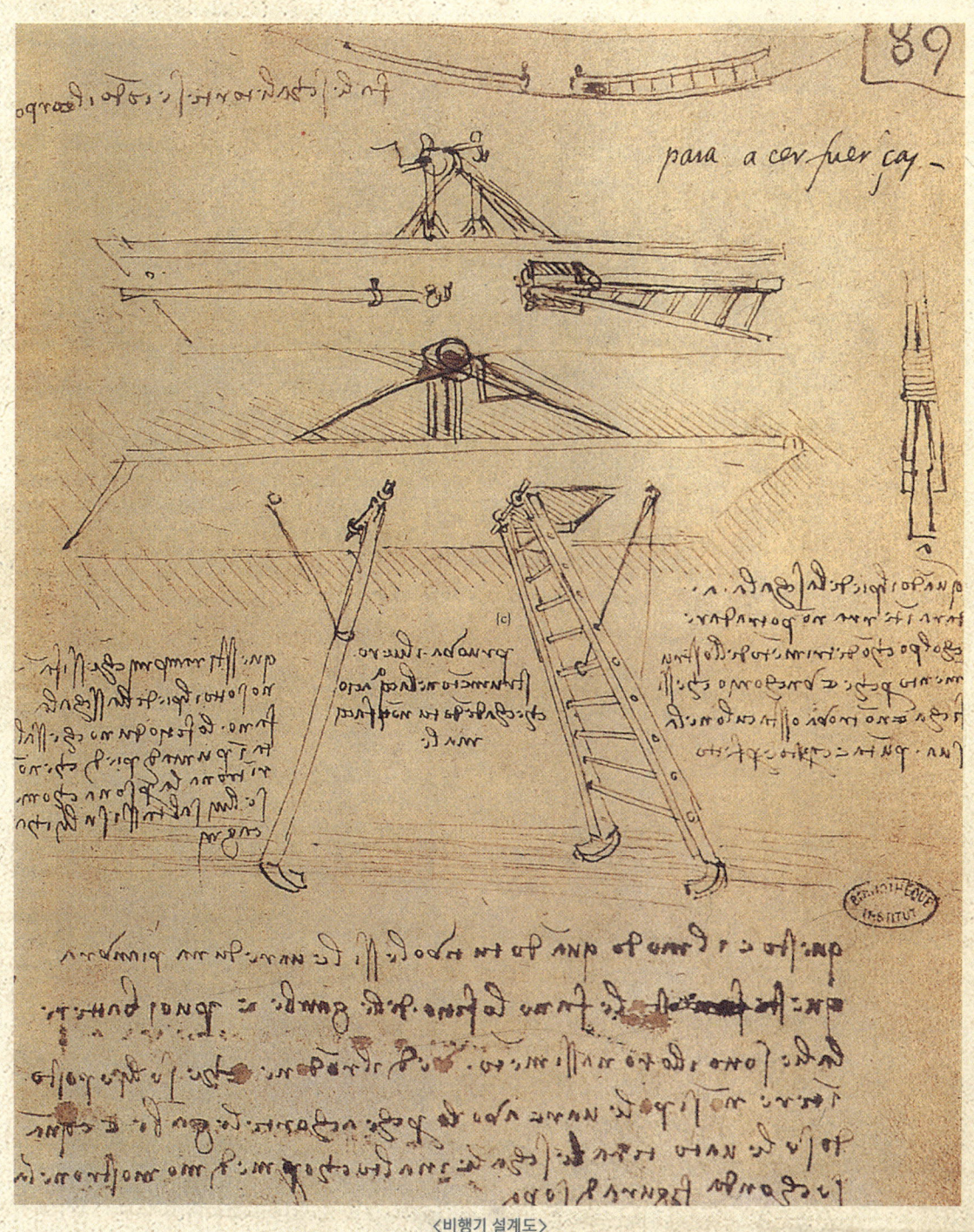

〈비행기 설계도〉

그 시대에 살지 않는 외계인처럼 새로운 도구를 발명하기 시작했습니다.

게다가 하늘을 날 수 있는 비행기까지 생각해 냈죠. 그때 사람들에게 하늘을 난다는 것은 신화 속에나 있는 이야기였습니다. 그리스 신화에 나오는 다이달로스는 자신이 만든 미로에서 탈출하기 위해 날개를 만들어 아들 이카로스와 함께 날아오릅니다. 이렇듯 하늘을 나는 것은 그리스 신화의 주인공이 되는 거와 같았죠. 그래서 그 누구도 인간이 날 수 있을 거란 생각을 하지 못했습니다.

레오나르도는 새가 날 수 있다면 인간도 날 수 있다고 생각했습니다. 그는 새의 날개와 날갯짓을 보고 인간이 날 수 있는 비행기를 그리기 시작했습니다. 그가 남긴 그림대로 만든 비행기는 종이비행기처럼 우아하게 하늘을 날 수 있다고 합니다.

그는 자신이 그린 설계도를 들고 다니면서 베네치아 사람들에게 설명했습니다. 누군가 돈을 댄다면 하늘을 나는 꿈도 이룰 수 있다고 희망했죠.

"이것 보세요, 베네치아를 방어할 수 있는 새로운 도구입니다. 물속에서 배를 격침할 수 있고, 하늘에서도 적을 공격할 수 있습니다."

"이게 정말 가능한 일이요? 당신의 기획은 재미있지만 현실적이진 않소. 우리는 이런 불확실한 기계에 돈을 투자할 수 없소."

베네치아 사람들은 이런 것이 가능하지 않다고 생각했습니다. 더구나 레오나르도는 피렌체 사람이었기 때문에 의심하는 눈초리로 바라봤습니다. 또한 어느 누구도 상상할 수 없는 것이라 더더욱 믿을 수 없었던 것이지요.

베네치아 사람들은 그가 공상가라고 생각했습니다. 그는 시대를 너무 앞서갔던 것입니다. 1500년 8월, 그는 베네치아에서 자신이 할 수 있는 일이 없다고 판단하고 고향 피렌체로 돌아가기로 결심합니다.

레오나르도는 이때 일을 일기에 이렇게 적었습니다.

"재능 있는 사람은 시간을 허비해선 안 된다. 스스로 자신이 할 수 있는 일을 찾아야 한다."

그는 파치올리에게 작별 인사를 하고 짐을 쌌습니다.

"파치올리 씨, 저는 이제 피렌체로 돌아가겠습니다. 이곳에서 시간을 낭비하기엔 제 나이가 많은 듯합니다."

"그러게나. 언제 또 만날 수 있겠지. 행운을 비네, 레오나르도."

파치올리와 아쉬운 작별 인사를 하고 레오나르도는 고향 피렌체로 발길을 내딛었습니다.

8
레오나르도, 피렌체로 돌아오다

1500년 4월 레오나르도는 피렌체로 돌아왔습니다. 그의 나이 마흔여덟이었고, 머리카락은 희어지고, 머리숱도 듬성듬성해졌습니다. 18년 만에 찾은 고향 피렌체는 정말 많이 변해 있었습니다. 어린 시절 그에게 그림을 가르쳐 주었던 스승 베로키오는 10년 전에 저세상으로 떠나고 없었습니다. 대신 옛 동료 로렌조 디 크레디가 베로키오 공방을 물려받아 운영하고 있었고, 도메니코 기를란다요와 폴라이우올로는 벌써 세상을 떠났습니다. 보티첼리는 나이가 들었는데도 여전히 옛날 스타일로 그림을 그리고 있었고, 카프레제 출신 행정관 아들 미켈란젤로는 25세로 한창 젊은 나이에 자신의 첫 걸작 조각상 피에타의 마지막 손질을 하고 있었습니다. 오직 변하지 않은 것은 피렌체를 가로지르는 아르노 강이었습니다. 강은 18년 전과 똑같이 여전히 맑았고, 그를 반갑게 맞이해 주었습니다.

레오나르도는 밀라노에 있을 때 편지로만 소식을 주고받았던 아버지 세르 피에로도 만났습니다. 아버지의 나이는 일흔넷이었고, 네 번째 부인과 살고 있었습니다. 아버지는 옛날처럼 공증업에 종사하면서 베로키오 공방 자리 가까이에 살고 있었습니다.

레오나르도는 산타 마리아 누오바 은행에 들러 돈을 찾아 거처를 마련했습니다. 하지만 돈이 넉넉지 않아 무슨 일이든 빨리 맡아야 했습니다. 레오나르도는 성모 마리아 종복회 수도사들이 산티시마 안눈치아타 교회의 제단화 그림을 필리피노에게 맡겼다는 소식을 들었습니다. 레오나르도는 교회에 찾아가 자신도 그 제단화를 그리고 싶다고 했습니다. 하지만 벌써 필리피노와 계약을 했고 서명까지 마친 상태였습니다.

필리피노는 레오나르도가 교회에 찾아갔다는 말을 들었습니다. 마음씨 착한 필리피노가 레오나르도를 찾아왔습니다.

"선생님, 안녕하신지요. 선생님의 명성은 익히 들었습니다. 〈최후의 만찬〉 벽화는 아직 보지 못했지만 보고 왔던 사람들마다 엄청난 그림이라고 했습니다. 저도 밀라노에 가면 꼭 한번 보고 싶습니다."

"미안합니다. 당신이 계약을 따냈다는 말을 들었는데도 교회를 찾아가 떼를 썼습니다."

"아니오. 괜찮습니다. 이제 피렌체에 오셨으니 후배들을 위해 걸작을 그려 주셔야지요."

"아이고, 과찬입니다. 저는 아직도 부족한걸요. 다만 열심히 공부하고

있을 따름입니다."

"선생님, 제가 양보하겠습니다. 여기에 오기 전에 벌써 교회에 들러 계약을 해지했습니다. 선생님이 그려 주십시오."

정말 고마운 일이었습니다. 레오나르도는 밀라노에 올 때 제자 살라이도 같이 왔습니다. 급하게 거처는 마련했지만 살아갈 날이 갑갑했습니다. 필리피노는 이런 사정을 잘 헤아리고 있었습니다. 그래서 레오나르도에게 양보를 한 것입니다.

수도사들은 레오나르도가 편하게 일할 수 있게 작업실을 마련해 주고 생활비까지 댔습니다. 1500년 9월 15일, 교회는 제단 벽화로 쓸 금빛 액자를 주문했습니다. 그 크기가 가로 1.8미터, 세로 3미터나 되었습니다. 이 그림을 완성하면 레오나르도가 그동안 완성했던 그림 중에서 최대로 큰 작품이 되는 것입니다.

하지만 생각처럼 그림이 잘 그려지지 않았습니다. 하루 내내 멍하니 서 있다가 갑자기 밖으로 나갔다 며칠 만에 돌아오기도 했습니다. 수도사들은 마음을 졸였습니다. 그러던 어느 날 밑그림을 그리기 시작했습니다.

밑그림의 구도는 대강 이렇습니다. 성모 마리아가 성 안나 무릎에 앉아 있습니다. 안나는 마리아의 엄마입니다. 그러니까 예수의 외할머니이죠. 그런데 마리아와 안나의 얼굴을 보면 나이 차가 그렇게 나지 않습니다. 예수는 왼손으로 양 오른쪽 귀를 잡고, 오른손으로는 목을 잡고 올라타려 합니다. 그런 예수를 마리아가 허리춤을 잡아 말리려 하고요. 성 안나 뒤

〈성 모자와 성 안나〉

로는 히말라야 산줄기처럼 아득한 산을 배경으로 그렸습니다.

이 밑그림이 완성되자 교회에서는 작업실을 신도들에게 이틀 동안 개방했습니다. 피렌체 화가들과 신도들이 몰려와 레오나르도가 창조한 놀라운 작품을 구경했습니다. 레오나르도보다 23살 어린 미켈란젤로도 사람들 틈에 끼어 레오나르도의 밑그림을 봤습니다. 천재는 천재를 알아본다는 말이 있듯이, 미켈란젤로는 레오나르도의 밑그림을 보고 깜짝 놀랐습니다. 사실 이런 구도로 많은 화가들이 그리기는 했지만 썩 잘 어울리지 않았습니다. 그런데 레오나르도는 아주 자연스럽게 그렸습니다. 미켈란젤로는 피렌체 최고의 조각가답게 조각가의 눈으로 안나와 마리아와 예수의 몸짓을 살폈습니다.

'어디 한 구석 빈틈이라고는 찾아보기 힘들군. 역시 레오나르도야.'

이때 그린 밑그림은 지금 남아 있지 않습니다. 다만 이와 똑같은 구도로 그린 그림이 프랑스 파리 루브르박물관에 있습니다. 104쪽에 있는 〈성 모자와 성 안나〉를 보세요. 아까 앞에서 말했던 제단 밑그림하고 똑같지요?

자, 이 그림을 천천히 한번 살펴봅시다.

예수 외할머니 안나가 작은 바위에 걸터앉았습니다. 안나의 무릎 위에 마리아가 앉았고요. 바위 아래를 보면 왼쪽에 발이 두 개, 오른쪽에 하나가 있습니다. 왼쪽 발 두 개는 안나의 발입니다. 오른쪽 발은 마리아의 오른발이고요. 예수는 이제 돌을 갓 지나 두 발로 설 수 있습니다.

마리아가 예수의 허리춤을 잡고 있고, 예수는 어린 양의 귀와 목을 잡고 있습니다. 여기서 양은 희생양을 뜻합니다. '희생양'은 제물로 바치는 양을 말합니다. 예수는 나중에 갈코타(해골산) 언덕에서 십자가에 못 박힙니다. 이 세상 사람들이 안고 태어나는 '원죄'를 털어내 주고자 대신 못 박히어 희생을 하는 것이죠. 어린 양은 바로 이것을 상징합니다. 마리아는 자기 자식 예수의 운명을 잘 알고 있습니다. 그래서 그 운명을 알고 있는 낯빛을 하며 양 등을 타려는 예수의 허리춤을 잡아 말리려는 몸짓을 해 보입니다. 하지만 이미 정해진 운명이기 때문에 어쩔 수 없습니다. 마리아의 낯빛에는 이런 복잡한 심정이 그대로 나타나 있습니다. 안나 또한 그런 딸의 마음을 잘 알기에 그저 측은하게 내려다볼 뿐입니다. 그런데 안나는 왼팔을 살짝 들어 뒤로 뺐습니다. 이는 마리아가 예수를 안으려고 몸을 숙이자 딸에게 자리를 내주는 몸짓입니다.

이 구도는 세 사람이 한 뿌리라는 것을 말해 줍니다. 안나가 마리아를 낳고, 마리아가 예수를 낳았다는 것을 표현한 것이죠. 마사초와 고촐리도 이런 구도로 그렸지만 레오나르도만큼 자연스럽지 않았습니다. 그만큼 어려운 구도이고, 몸짓 하나하나를 자연스럽게 그려내는 게 그만큼 어려웠습니다. 미켈란젤로가 이 그림을 보고 놀랐던 것은 바로 세 사람의 이런 자연스런 몸짓이었을 것입니다.

안나 뒤로는 동양화처럼 산줄기를 그렸습니다. 마치 그것은 하느님 아버지 야훼가 사는 곳 같습니다. 그에 견주어 안나와 마리아와 예수가 있는 곳은 인간이 살아가는 세상처럼 보입니다. 이 세 사람은 인간이 사는

〈체사레 보르자를 위해 그린 지형 조감도〉

'땅'에 굳건히 발을 붙이고 있습니다. 만약 마리아와 안나가 신발을 신고 있었다면 이 그림은 그야말로 이상한 그림이 되고 말았겠죠. 그런데 재미있는 것은 아기 예수가 타려고 하는 어린 양 엉덩이 쪽입니다. 뒷발처럼 보이는데, 사실 이것은 꼬리입니다. 양은 꼬리가 상당히 크고 길거든요.

한편 로마 교황 알렉산더 6세의 아들 체사레 보르자는 왕이 되려는 야

망이 있었습니다. 그는 레오나르도가 전쟁술에 뛰어나다는 말을 듣고 그를 '군사 건축과 기술 고문'으로 초빙합니다. 보르자는 27살밖에 안 되었지만 교황의 군대를 이끄는 총사령관으로 이탈리아의 도시를 벌벌 떨게 한 군주입니다. 마키아벨리 같은 정치 철학자도 그의 결단력을 칭찬했습니다. 마키아벨리는 그의 책 《군주론》에서 보르자가 이탈리아의 미래를 결정할 수 있는 군주의 덕목을 가지고 있다고 하면서 '군주의 이상'으로 소개할 정도였죠.

"레오나르도, 자네가 자문을 해 주면 좋겠네. 나는 로마냐 지방을 먼저 정복할 거야."

"예, 그러죠. 전쟁을 빨리 끝내는 것이 사람들에게 좋으니까요."

"이곳을 공략하려면 어떻게 하면 좋겠는가?"

레오나르도는 주변 지형을 살펴보고 금방 지도로 그려 냈습니다. 보르자는 지형을 효율적으로 그려 내는 레오나르도의 능력을 높이 평가했습니다. 둘레 지형을 잘 아는 사람이 전쟁에서 승리할 수 있으니까요.

"자네가 그린 지도를 보니 핵심을 관통하고 있다는 것을 알겠네. 이 정도면 충분하네. 이 지도를 바탕으로 밤에 공격을 하면 전투에서 이길 수 있겠군."

그는 레오나르도의 자문을 토대로 승승장구했고 결국 로마냐 지방을 점령했습니다. 피렌체 북쪽 지역이었죠. 그리고 밀라노를 공격해 항복을 받아 냈고, 피렌체를 협박해서 동맹국으로 편입시켰습니다. 하지만 전쟁은

〈아르노 강 운하 지도〉

전쟁이었죠. 레오나르도는 잔혹하고 냉정한 보르자의 결단력을 바로 곁에서 지켜보고 고민했습니다.

그가 시작한 전쟁은 끝날 기미가 보이지 않았습니다. 이탈리아가 모두 통일이 될 때까지 전쟁은 끝날 것 같지 않았죠. 어쩌면 보르자와 동맹을 맺은 피렌체조차 더 큰 위험에 빠질지 모른다는 생각도 들었습니다. 보르자의 냉철함은 동맹국도 한순간에 버릴 수 있을 정도였으니까요. 레오나르도는 전쟁을 목적으로 여기는 보르자를 떠나 피렌체로 돌아갔습니다. 그리고 언젠가 다가올지도 모를 위협을 직감하고 피렌체를 방어할 수 있는 최적의 방법을 권력자에게 제안했습니다.

그는 피렌체와 바다를 연결하는 운하를 제안했고, 물의 유속을 활용해 피렌체를 방어할 수 있는 아주 혁신적인 방법을 내놓았습니다. 사람들은 그가 생각해 낸 방법과 규모를 보고 깜짝 놀랐습니다. 하지만 이 같은 기획은 실현되지 못했죠. 돈도 많이 들었지만 새로운 생각을 받아들일 준비가 안 되어 있었기 때문입니다. 수백 년이 흐르고 그가 생각했던 운하 자리에는 고속도로가 생겨났습니다. 우리 시대의 건축가들은 레오나르도가 생각했던 길이 도시를 연결하고 발전시킬 수 있는 최적의 도로였다는 데 다시 한 번 놀랄 수밖에 없었습니다.

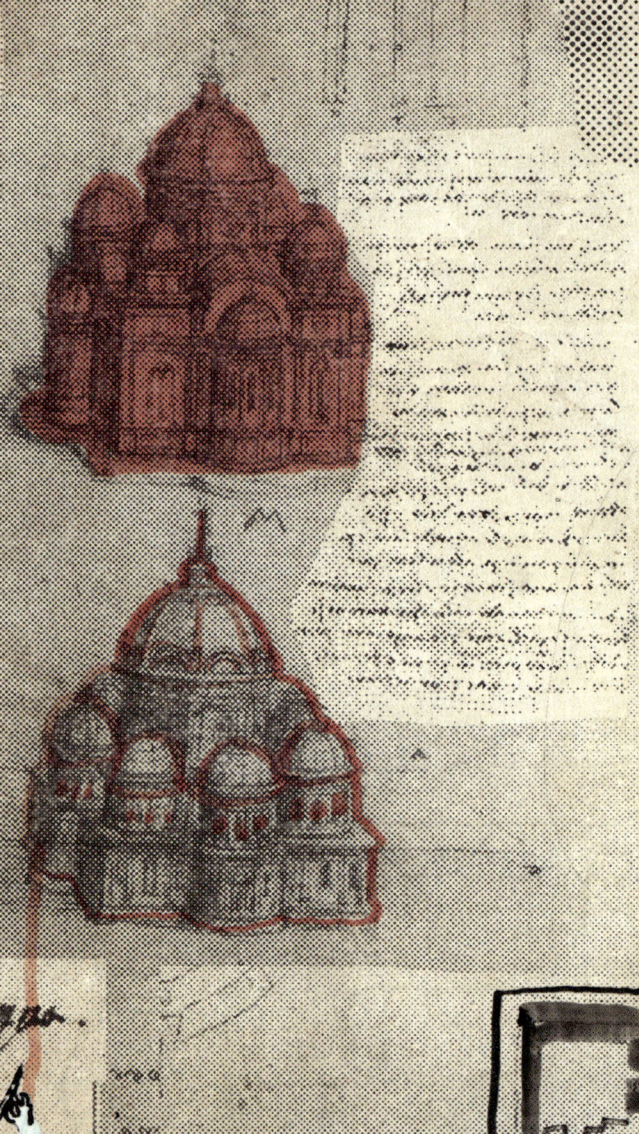

9
리자는 정말 빙긋 웃고 있는 것일까?

어느 날 레오나르도 공방에 점잖게 보이는 부부가 찾아옵니다. 프란체스코 델 조콘도와 그의 부인 리자 델 조콘도였습니다. 조콘도는 피렌체에서 비단 무역과 옷감 장사를 해 부자가 된 사람입니다. 그는 두 번이나 결혼했지만 아내가 먼저 떠나 홀아비로 살다 1495년 리자 디 게라르디니와 결혼을 합니다. 이때 리자의 나이 열다섯이었습니다.

이들이 레오나르도를 찾아온 날은 1503년 4월 5일 봄날이었습니다. 부인 리자는 셋째 아들을 임신한 상태였고요. 조콘도는 두 아들과 앞으로 태어날 아이와 같이 살 집을 비아 델라 스투파에 새롭게 장만했습니다. 당시 부자들이 그랬던 것처럼 그 또한 새 집 벽에 부인 초상화를 걸어 두고 싶었습니다. 사실 새 집을 장식할 수 있는 것 가운데 젊고 아름다운 아내의 초상화만한 것도 없었습니다.

"레오나르도 씨, 우리 아내 리자 초상화를 그려 주십시오. 값은 충분히 치르겠습니다."

"좋습니다. 부인이 아름다우니 초상화를 걸어 놓으면 집 안이 아주 환해질 것입니다."

이때 조콘도는 35살이었고, 리자는 23살이었습니다. 리자는 아이를 둘이나 낳았지만 여전히 아름다웠고 원숙함이 몸에서 우러나왔죠.

레오나르도의 작품은 모두 합해 봐야 스무 점 남짓밖에 안 됩니다. 이 가운데 그가 혼자 그렸거나 같이 그렸다 하더라도 그가 주로 그린 작품은 13점이고, 공동으로 그렸거나 공방 동료들과 같이 그린 작품이 7점입니다. 또 그가 혼자 그렸다 하더라도 끝까지 완성한 작품은 11작품밖에 되지 않습니다. 루벤스 같은 화가는 수백 점을 그렸고, 피카소는 수천 점을 남겼습니다. 그런데 채 20점밖에 안 되는 작품을 남긴 레오나르도를 모르는 사람은 없습니다.

그가 남긴 작품이 훌륭해서이기도 하지만 무엇보다도 〈모나 리자〉의 유명세도 한몫했다고 볼 수 있습니다. 사실 이 그림은 20세기 이전에는 그렇게 유명하지 않았습니다. 이 그림이 세계 사람들에게 알려진 것은 도난 사건과 관련이 있습니다.

1911년 8월 21일 오전 12시, 프랑스 파리 루브르박물관은 〈모나 리자〉

를 도둑맞았다고 경찰서에 신고합니다. 그러자 프랑스를 넘어 유럽, 유럽을 넘어 온 세계에 이 사건이 알려집니다. 순식간에 레오나르도와 〈모나 리자〉가 세계 사람들의 관심거리가 된 거죠.

〈모나 리자〉가 사라진 것을 알게 된 시간은 오전 11시쯤이고, 그림이 없어진 것을 맨 처음 안 사람은 미국인 학생 올랜도 캠벨입니다. 그는 그림 공부를 하려고 파리에 유학을 와 있었고, 〈모나 리자〉에 푹 빠져 날마다 루브르박물관에 〈모나 리자〉를 감상하러 갑니다. 그날도 캠벨은 평소대로 〈모나 리자〉를 보러 갔습니다. 그런데 벽에 걸려 있어야 할 그림이 온데간데없는 거예요! 캠벨은 박물관 관리자에게 그림이 없다고 합니다.

그러자 관리자는,

"아마 오늘 촬영이 있어서 촬영장에 가 있을 거예요."

합니다.

캠벨은 그런가 보다 하고 발길을 돌렸습니다.

두 번째로 이 사실을 안 사람은 파리 출신 화가 루이 베루입니다. 그는 10일 전부터 〈모나 리자〉를 배경으로 박물관 내부를 그리고 있었습니다. 그림을 거의 완성할 무렵이었죠. 베루는 한시바삐 완성하여 관람객에게 팔아야 하기 때문에 마음이 다급했습니다. 그는 관리자에게 돈 몇 푼을 쥐어 주고 촬영이 언제 끝나는지 알아봐 달라고 부탁합니다. 조금 있다가 관리자가 뛰어왔습니다.

"오늘은 사진 촬영이 없다고 하는데……, 그럼 대체 어디로 간 거지?"

폴 프로스페르 알레 〈라파엘로, 모나 리자를 그리는 레오나르도의 작업실에 들르다〉

　박물관은 난리가 났고, 그날 12시 경찰에 신고를 합니다.
　도둑은 페루자와 란첼로티 형제, 이렇게 셋이었습니다. 그들은 방탄유리로 그림틀을 짜는 목수였습니다. 세 도둑은 박물관이 문을 닫을 때 창고에 들어가 이틀 밤(일요일과 월요일)을 숨어 있다가 〈모나 리자〉 그림틀을 분해하고 그림을 챙긴 다음 개관(화요일) 시간에 맞추어 그림을 작업복 속에 감추어 들고 나옵니다. 그때 박물관은 월요일이 쉬는 날이었습니다.

그런데 도난 사건이 너무 커진 바람에 판로가 막혀 버렸습니다. 페루자는 할 수 없이 사건이 잠잠해질 때까지 파리 센 강 옆 어느 건물 침대 밑에 2년 간 숨겨 놓습니다. 절도범 가운데 대장 노릇을 한 빈센조 페루자는 이때 서른 살이었고 이탈리아 이민자였습니다. 페루자는 전에 감옥에 간 적이 있고, 그림틀에 커다란 지문까지 묻어 있었는데도 경찰은 그를 의심하지 않았습니다.

그로부터 2년 뒤 1913년 11월 말, 그는 '레오나르도 빈센조' 이름으로 피렌체의 보르고니산티 화랑 주인 알프레도 게리에게 〈모나 리자〉를 팔겠다고 편지 한 통을 부칩니다. 그가 부른 값은 50만 리라였습니다. 알프레도 게리와 우피치박물관 관장 조반니 포기는 페루자가 가져온 그림을 보고 깜짝 놀랐습니다. 정말 말로만 듣던 레오나르도의 〈모나 리자〉였거든요. 둘은 페루자에게 돈을 마련해 오겠다고 한 뒤 경찰에 신고를 하고, 페루자는 그날로 경찰에 잡히고 맙니다. 그리고 〈모나 리자〉는 다시 프랑스 파리 루브르박물관으로 돌아갑니다.

그런데 참 재미있는 사실은 애당초 절도범들이 훔치기로 마음먹었던 그림은 〈모나 리자〉가 아니라 안드레아 만테냐(Andrea Mantegna 1431~1506)가 그린 〈아레스와 비너스 Mars and Venus〉였다는 것입니다. 하지만 이 그림은 가로가 2미터 가까이 됐습니다. 그에 견주어 〈모나 리자〉는 가로가 53센티미터밖에 안 되었습니다. 포플러나무 판에 그린 그림이었지만 작업복 속에 감추기에 딱 알맞았던 것이죠.

이 일이 있고 나서 〈모나 리자〉는 세계에서 가장 유명한 그림이 됩니다. 우리들은 이 그림을 앞으로도 자꾸 보게 될 것입니다. 주로 그림책이나 잡지에서 보게 될 것인데, 문제는 이것이 얼마나 작은 그림인지 잘 모른다는 것이지요. 앞에서도 말했듯이 이 그림은 크지 않습니다. 절도범들이 〈아레스와 비너스〉 대신 〈모나 리자〉를 들고 나온 것도 크기가 작았기 때문입니다. 만약 이들이 원래 계획대로 〈아레스와 비너스〉를 훔쳤다면 〈모나 리자〉는 그렇게 유명한 그림이 되지 않았을 것입니다.

　〈모나 리자〉 하면 보통 '모나 리자의 미소'를 떠올립니다. 여기서 '미소(微笑 작을미 · 웃음소)'는 말 그대로 작은 웃음을 뜻하는 일본말입니다. 이 말을 '미소(美笑 아름다울미 · 웃음소)' 즉 '아름다운 웃음'으로 아는 사람이 많은데, 그런 뜻이 아니고 소리 없이 빙긋 웃는 웃음을 말합니다. 그런데 〈모나 리자〉의 모델 리자의 입을 한번 보세요. 이것을 정말 빙긋 웃는 입으로 볼 수 있을까요? 웃음을 머금고 있다고는 할 수 있겠지만 '미소를 짓고 있다'고 보기는 힘들지 않을까요?

　〈모나 리자〉란 그림 제목은 레오나르도가 붙인 것이 아닙니다. 19세기 이전 이탈리아에서는 '라 조콘도(La Gioconda)', 프랑스에서는 '라 조콩드(La Joconde)', 영어권에서는 '모나 리자(Mona Lisa)'라 했습니다. '라 조콘도(La Gioconda)'에서 '라(La)'는 여성 명사 앞에 붙이는 말입니다. 그래서 '라 조콘도(La Gioconda)'는 '조콘도 부인'이라 생각하면 됩니다. '모나 리자(Mona Lisa)'에서 '모나(Mona)'는 이탈리아 말로 여자에 붙이는 존댓말입니다. '모나 리자(Mona Lisa)'를 우리 말로 하면 '리자 여사'쯤 됩니다.

　리자는 검은 베일을 머리에 쓰고, 검은 드레스 위에도 투명한 가운을 걸치고 있습니다. 리자가 입고 있는 검은 드레스는 스페인 풍 드레스로 당시에 아주 인기를 끌었습니다. 더구나 남편 조콘도는 의류 사업가였기 때문에 리자 또한 유행에 뒤떨어지지 않았다고 할 수 있습니다. 왼손을 팔걸이의자에 올리고, 그 왼손 팔목 위에 오른손을 자연스럽게 얹고 있습니다. 몸은 대체로 풍만하고 오른손을 보면 살이 좀 오른 것처럼 보입니다. 이때 리자는 셋째 아들을 임신한 상태이기 때문에 몸이 좀 불었을 수도 있습니다.

　리자 머리 뒤로는 눈 덮인 산이 아스라이 펼쳐져 있습니다. 마치 히말라야 산맥처럼 보이기도 하고, 동양화를 보는 듯합니다. 이때만 하더라도 유럽은 사기그릇을 구을 수 없어 귀족들 부엌 찬장에는 중국의 청화백자가 꽉 들어차 있었습니다. 레오나르도 청화백자에 그려져 있는 중국 산수화를 봤던 것일까요?

　리자가 '지금 현재'를 뜻한다면 배경은 '아득한 옛날을, 무한한 시간'을 뜻하는 것 같습니다. 그런데 배경이 이상합니다. 머리 좌우로 그림이 자연스럽게 연결되지 않습니다. 우선 이 그림을 정면에서 보지 말고 왼쪽, 오른쪽에서 번갈아 한번 봐 보세요. 그러면 배경이 달리 보일 것입니다. 이제는 우묵하게 접어서, 또 반대로 오목하게 접어서 이쪽저쪽에서 봐 보세요. 그러면 또 달리 보일 것입니다.

리자 오른쪽 어깨 옆에는 오솔길이 보이고, 왼쪽 어깨 바로 뒤로는 아치형 돌다리를 볼 수 있습니다. 이런 돌다리는 이탈리아 북부 소도시 보비오시에서 볼 수 있습니다. 그런데 머리 뒤 배경에는 '생명'을 뜻하는 물이 가득 차 있는데, 리자 오른쪽 오솔길은 먼지가 일 정도로 황량하고, 왼쪽의 돌다리 밑 강은 강바닥이 보일 정도로 말라 있습니다.

레오나르도는 그림을 그리면서도 자신의 관심사를 놓지 않았습니다. 그는 여러 일을 동시에 해냈고, 생각을 끊임없이 넓혀 나갔습니다. 하늘을 그리면서 바람을 떠올렸고, 다시 하늘을 나는 기계를 생각했습니다. 그림을 그리다 저녁에 집에 돌아오면 하늘을 날 수 있는 기구를 고안했죠. 하늘을 나는 새를 보면서 시작한 이 꿈은 헬리콥터 같은 모형으로 발전했습니다. 사람들은 공상가라 여겼지만 그는 쉬지 않고 앞으로 조금씩 나아갔습니다. 그림에는 자기가 본 것을 담아냈고, 그림을 그리면서 자신이 본 것과 그 의미를 넓혀 갔습니다. 그는 세계에 대한 자신의 관찰을 바탕으로 더 좋은 그림을 그렸고, 이 그림 속에서 다시 새롭게 봐야 할 것을 떠올렸습니다.

그는 피렌체 산타마리아노벨라 교회 부속 병원에서 해부학 지식을 공부했습니다. 이 시기는 의학의 역사에서 정말 중요한 때였습니다. 르네상스 이전 서유럽에는 지금처럼 환자를 직접 보고 치료하는 병원이 없었습

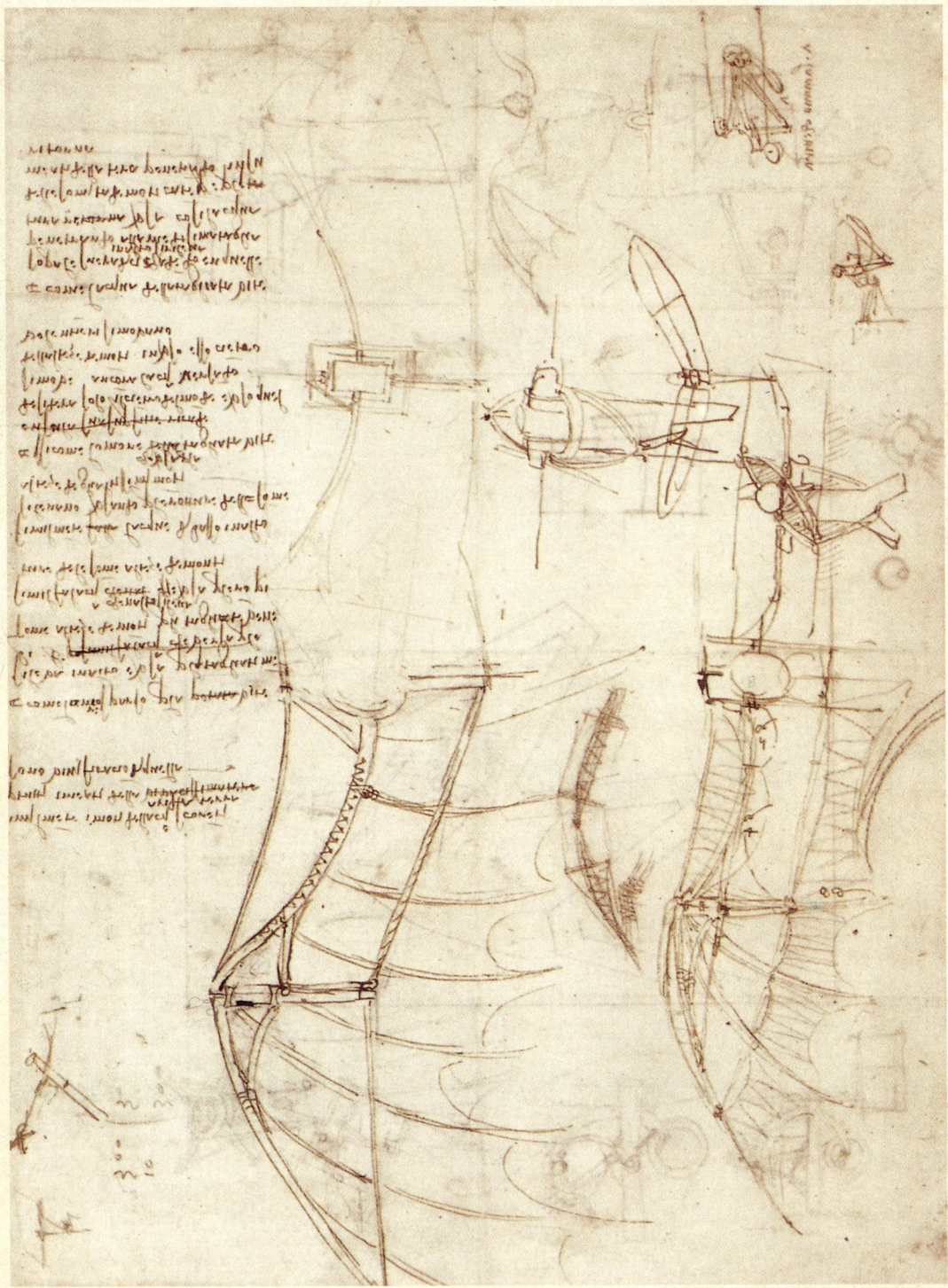

〈비행기 습작〉

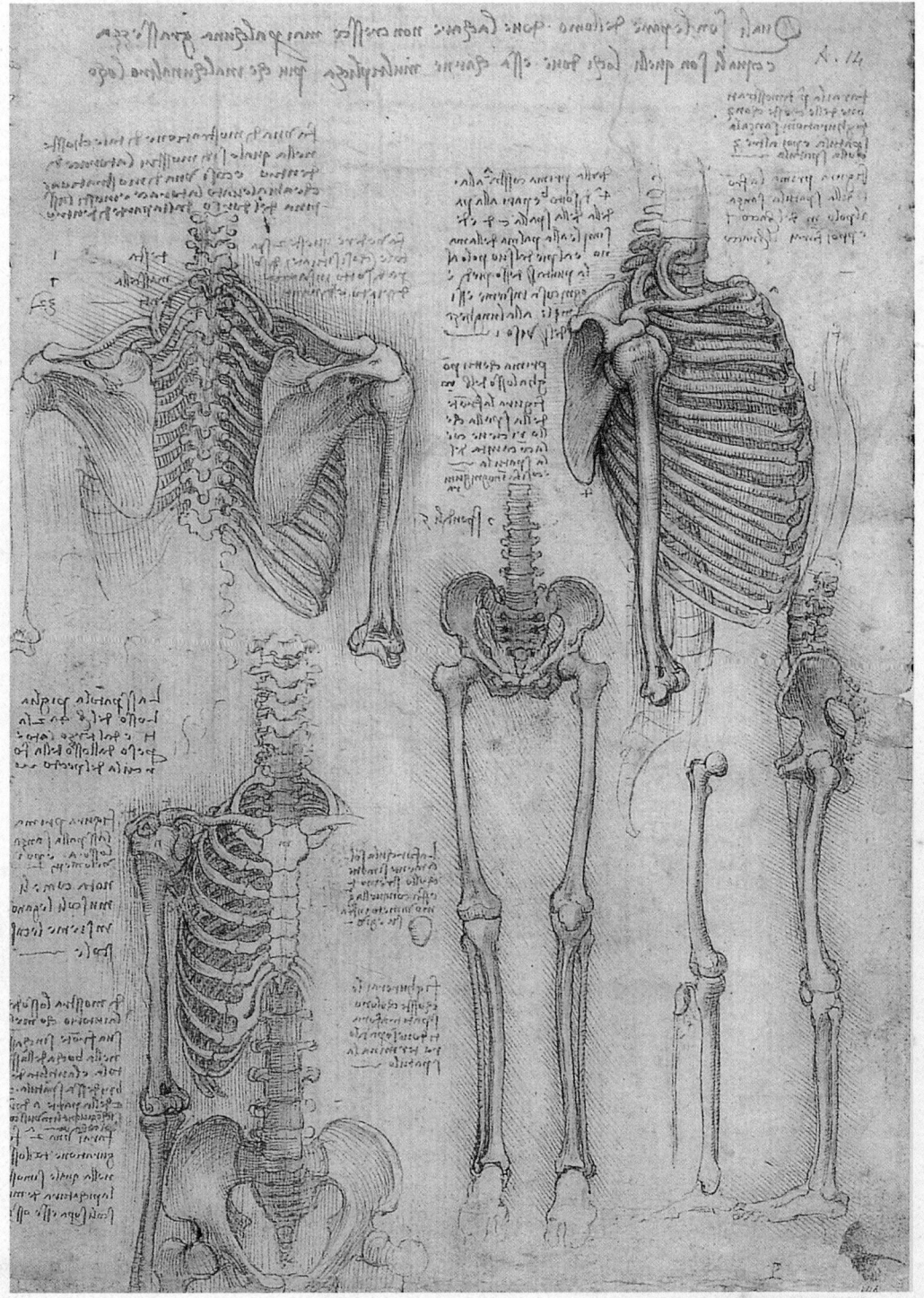

〈해부학 연구〉

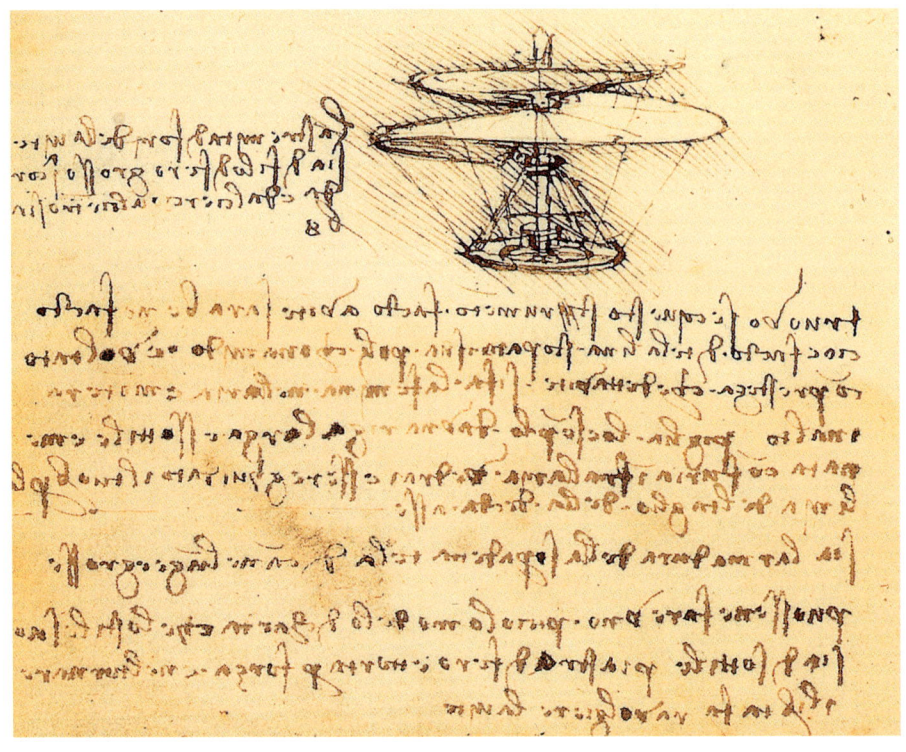

〈헬리콥터 디자인〉

니다. 당시 병원은 가난하고 힘없는 사람들을 보살피는 곳이었습니다. 그래서 이탈리아에서는 교회에 부속 병원이 생겨났습니다.

그는 신체 속을 들여다보고, 뼈 구조를 연구했습니다. 그는 노력하는 예술가였습니다. 밀라노에서 사람들을 만날 때에도 모르는 것이 있으면 물어 가며 궁금증을 풀었습니다. 그는 묻는 것을 부끄러워하지 않았습니다. 이게 또 레오나르도의 힘이었죠. 피렌체에서 마르칸토니오 의사 델라 토

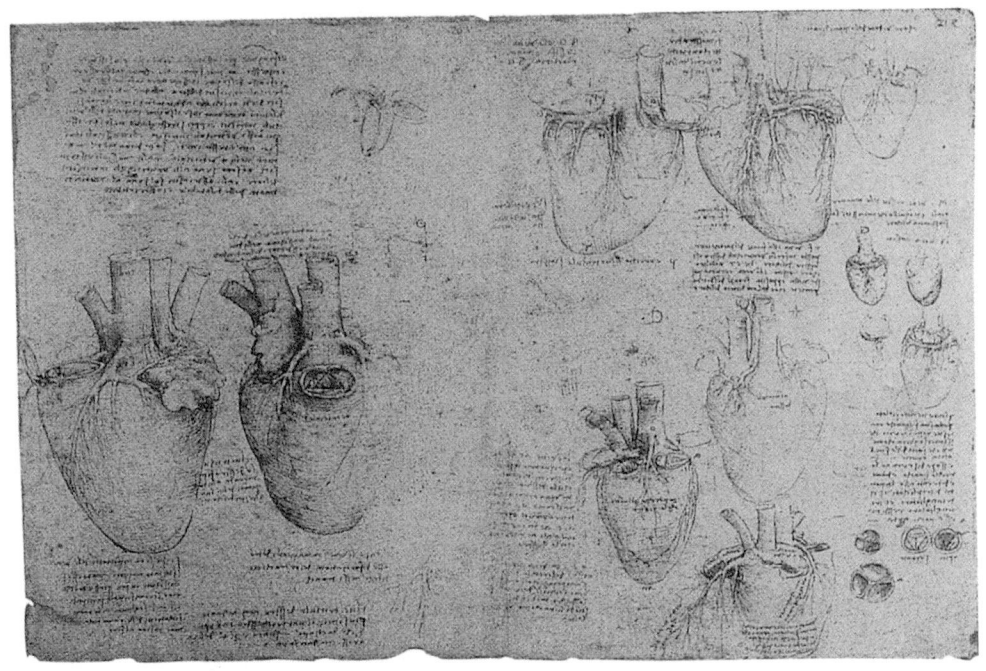

〈심장혈관 연구〉

레라를 친구로 사귀었고, 그에게 많은 것을 배웠습니다. 하지만 델라 토레라 역시 레오나르도의 그림을 보고 자신의 지식을 정리할 수 있었죠. 대답을 하면서 자신의 생각을 다시 정리할 수 있으니까요.

그는 새롭게 알게 된 것을 〈모나 리자〉를 그릴 때에도 적용했습니다. 이 작품에는 인간의 해부학 지식이 꼼꼼하게 반영되었습니다. 그는 인간의 뼈를 알면 근육을 그릴 수 있고, 피부를 가장 효과적으로 표현할 수 있다고 믿었습니다.

인간의 신체에 대한 지식은 어린 시절부터 베로키오 공방에서 배워 왔던 것입니다. 레오나르도가 살았던 시대에는 인간의 몸을 해부하는 것을 금지했습니다. 죽은 사람에 대해 갖춰야 할 예의에 어긋나기 때문이었죠. 그런데 아주 드물게 예술가와 의사들에게만은 허락되었습니다.

레오나르도는 인간의 몸이 아주 복잡하지만 저마다 놀라운 기능을 갖추고 있다고 생각했습니다. 그는 사람을 움직이는 심장과 혈관을 살펴보고 기록하면서 사람 몸의 신비를 기록해 갔습니다. 그는 혈액의 순환에 대해 최초로 기록한 과학자로 알려져 있습니다. 안타깝게도 그의 기록은 의사들에게 바로 알려지지 않았습니다. 불행히도 그는 라틴어를 잘 하지 못했고, 그래서 라틴어로 기록하지 못했던 것입니다.

그는 대상을 관찰하고 표현하는 데 머무르지 않았습니다. 그가 그린 심장은 화가의 소재가 아니었습니다. 하지만 레오나르도는 사물의 원리를 알면 더 좋은 그림을 그릴 수 있다고 믿었습니다. 그래서 당시 어느 화가도 관심을 두지 않았던 인간의 장기를 연구했던 것입니다.

비록 〈모나 리자〉는 완성하지 못했지만 피렌체 사람들은 그의 그림을 보고 감탄했습니다. 화가들도 그를 따라 그리기 시작했습니다. 더구나 교회의 부속 병원에서 인간을 연구하는 화가, 마치 철학자 같은 화가에 대해 피렌체 시민들은 다시 주목하기 시작했습니다.

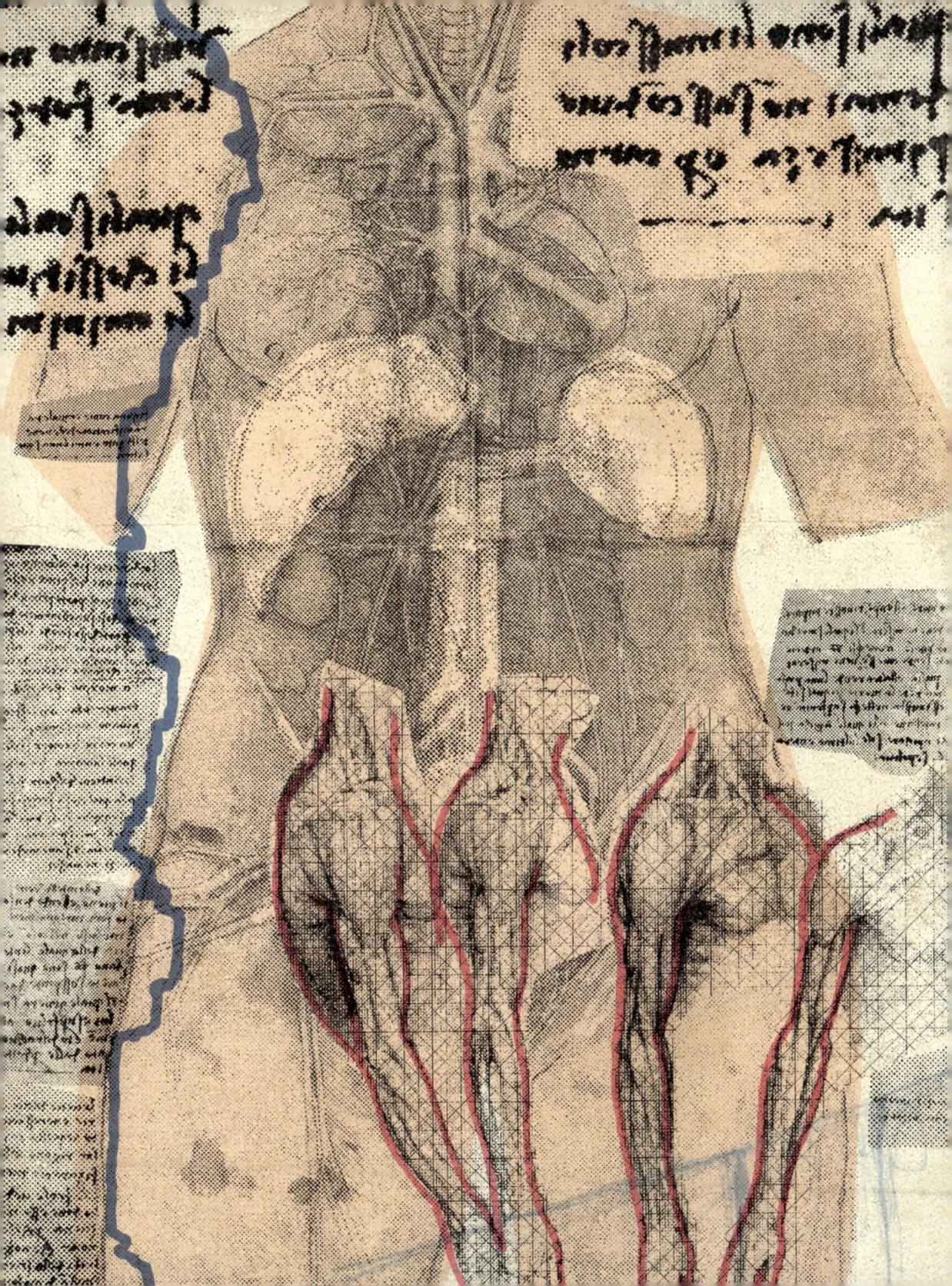

시청 벽화, 세계의 미술학교가 되다

"여러분 놀라지 마세요. 제가 중요한 소식을 전하겠습니다. 레오나르도와 미켈란젤로가 피렌체 시청의 주문을 받아들였습니다."

피렌체 시청 의원들은 순간 아무 말 않고 서로 얼굴만 바라봤습니다.

"소데리니, 정말인가요? 둘이 함께 작업하겠다고 하던가요?"

"그렇소. 난 여러분이 세기의 대결을 보게 될 수 있어 영광이오."

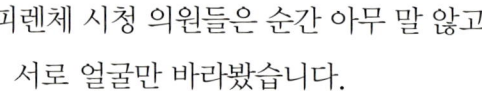

"놀랍군. 난 늘 우리 도시에서 가장 뛰어난 예술가가 누군지 알고 싶었다네."

"나도 마찬가지야. 두 사람이 함께 작업을 하다니, 이번엔 두 사람의 작품을 비교할 수 있겠군. 소데리니, 이 일을 성사시켜서 고맙소. 이 일은 두고두고 피렌체에서 회자될 것이오."

"이보게, 소데리니, 난 회의에서 빠지겠네. 이 소식을 전해야겠어."

"걱정 마십시오. 벌써 공고문을 붙이고 있을 겁니다."

피렌체를 이끌던 소데리니는 최고 권력자이자 노련한 정치가였습니다. 프랑스 왕 샤를 8세가 이탈리아 정치에 개입하면서 메디치 가문은 잠시 피렌체를 떠나 있어야 했고, 소데리니는 베네치아 공화국을 모델로 귀족과 시민을 한데 아울러 사람들을 규합하고 피렌체의 안정을 도모하고 있었습니다.

레오나르도는 이런 경합을 중요하게 생각하지 않았고, 미켈란젤로 역시 자신의 능력을 인정받고 있었기 때문에 그렇게 큰 의미를 두지 않았습니다. 하지만 이 사건은 시간이 흐를수록 사람들의 관심사가 되었습니다.

소데리니의 입장에서는, 많은 사람들이 관심을 두고 지켜보는 두 예술가의 비교가 메디치 가문이 잠시 자리를 비운 사이 생겨난 사회적 긴장감을 풀 수 있는 기회이기도 했죠.

두 사람이 그림을 그릴 장소는 '친퀘첸토의 방'이라고 알려진 시청의 회합 장소였습니다. 피렌체 공화국의 상징적인 공간이었고, 시청에서도 가장 큰 방이었습니다. 이들이 그려야 할 작품 크기만 해도 높이 7미터에 너비 17미터나 되는 대작이었죠.

소데리니는 사람들과 협의 끝에 두 예술가에게 피렌체의 역사와 승리를 기념하는 작품을 주문했습니다. 피렌체의 정치가와 역사가들은 역사를 통해 현실을 설명하고 정당성을 부여하려 했기 때문입니다.

이 소식은 곧 피렌체에 퍼져 나갔고 시민들은 노련한 레오나르도와 젊고 패기 넘치는 미켈란젤로를 놓고 논쟁을 벌이기 일쑤였죠.

"난 레오나르도가 이길 거라고 봐. 나이는 장식이 아닐세."

"아니야. 예술은 재능이 있어야 해. 미켈란젤로는 젊은 나이에 벌써 유명한 〈피에타〉를 조각했고, 레오나르도도 말리던 재료로 〈다윗〉을 조각했잖은가."

"자네 생각은 어떤가?"

"글쎄, 난 레오나르도가 더 잘 그릴 것 같네. 미켈란젤로는 화가라기보다는 조각가니까 말일세."

사람들의 관심사가 두 예술가를 자극했습니다. 레오나르도와 미켈란젤

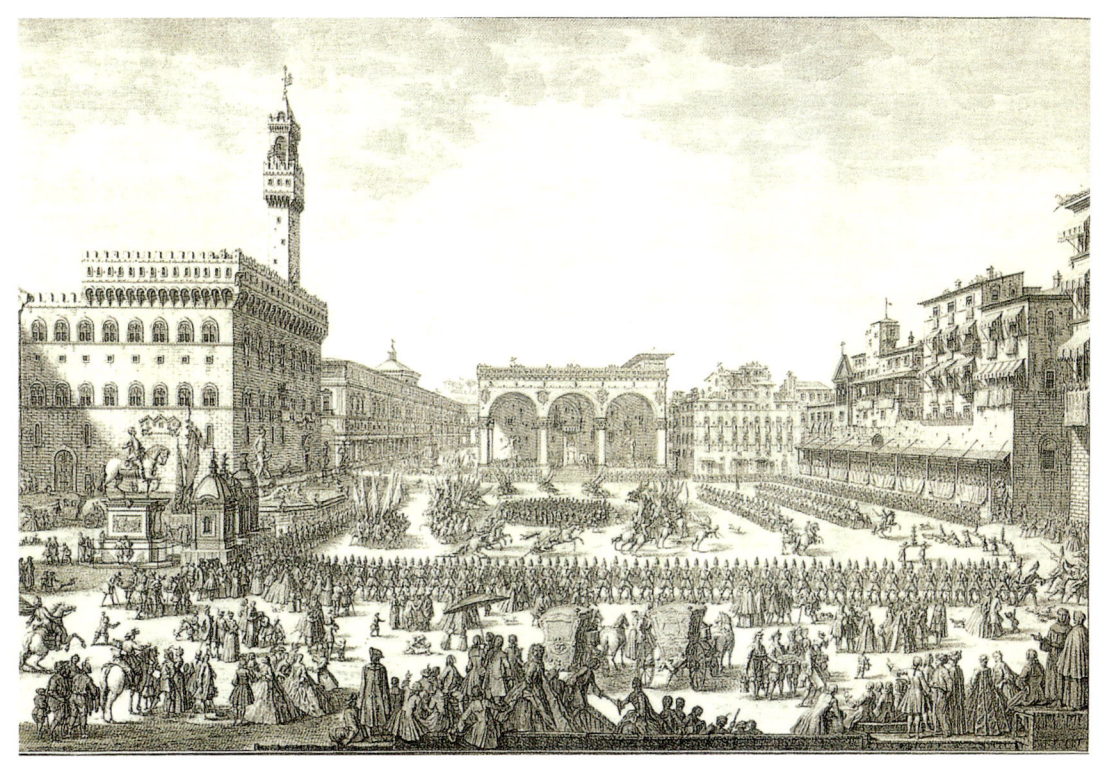

주세페 초키 〈시청사 광장에서 벌어진 성 요한 세례 축제〉
당시 시청사로 쓰였던 베로키오 궁전 모습을 엿볼 수 있다. 왼쪽 건물이 베로키오 궁전이다.

로는 나이 차도 있고, 화가와 조각가이기 때문에 어느 만큼 경쟁심을 느꼈을지 모르지만, 상황은 적잖이 부담스러웠을 것입니다. 두 사람은 자신의 열정을 쏟아야 할 이유가 생긴 것이죠.

다른 도시에 있는 화가들도 이 사건에 관심을 가지기 시작했습니다. 옆 동네 페루지아에서 페루지노라는 화가에게 그림을 배우고 있던 라파엘

로도 궁금했죠.

"스승님, 피렌체에서 레오나르도와 미켈란젤로가 경쟁한다는 소식을 들으셨나요?"

"나도 들었네. 자네는 이제 내게 더 이상 배울 것이 없네. 내 생각에는 피렌체에 가면 그림에 대해 새로운 것을 배울 수 있을 것 같은데……. 내가 자네라면 피렌체로 가겠네."

"스승님이 그렇게 말씀하시니 곧 준비해서 떠나도록 하겠습니다."

많은 사람들이 피렌체 시청을 방문했고, 이중에는 르네상스 시대의 주

　인공이 될 화가들도 있었습니다. 이들은 두 예술가가 준비하던 작품의 규모와 표현을 보고 놀라움을 금치 못했습니다.
　두 사람은 막 작품의 밑그림을 완성했습니다. 이 밑그림은 곧 공개되었습니다. 화가들은 이들의 작품을 보며 회화에 대해 공부해야 할 것이 참 많다고 느꼈습니다.
　"이보게, 자네는 어떤 작품이 더 뛰어난 것 같은가?"
　"글쎄, 나는 미켈란젤로의 작품이 더 힘차 보여."
　"난 레오나르도의 전쟁 장면이 더 좋은 것 같네. 마치 폭풍이 휩쓰는 것 같은 느낌이 드네."
　미켈란젤로가 주문 받은 〈카시나 전투〉는 1364년 7월 29일 토스카나 지방에서 주도권을 쥐고 있던 파사인들을 물리치고 피렌체가 경제적 정

아리스토텔레 다 상갈로가 미켈란젤로의 〈카시나 전투〉를 보고 그린 그림
미켈란젤로는 실제 전투 장면보다는 전투가 일어나기 직전의 모습을 그렸다.
무더위에 지친 병사들이 강에서 목욕을 하다 출격 명령이 떨어지자 급하게 갑옷을 입고 무기를 챙기고 있다.

치적으로 도약할 수 있었던 중요한 역사적 사건이었습니다. 레오나르도에게 주문한 〈앙기아리 전투〉는 1440년 6월 29일 밀라노인들에게 거둔 승리였습니다. 이 사건은 독재와 군주에 대항해서 피렌체 공화정의 가치를 높이고 자긍심을 가지게 했던 사건이죠. 공화정으로 피렌체를 이끌던 소데리니의 입장에서는 적절한 역사이자 현재의 정치적 상황에 정당성을 더해 주는 사례였습니다.

페테르 파울 루벤스가 레오나르도의 〈앙기아리 전투〉를 보고 그린 그림
다빈치는 실제 전투 장면을 사실적이고 실감나게 표현했다.

두 예술가는 비슷한 소재를 전혀 다른 방식으로 표현했습니다. 미켈란젤로는 조각가였던 만큼 인물의 묘사에 관심을 두었고, 이들의 몸짓이 만들어 내는 긴장과 감정을 강조하기 위해 배경을 과감하게 생략했습니다. 반대로 레오나르도는 작은 크기로 군인들이 승리를 위해 진

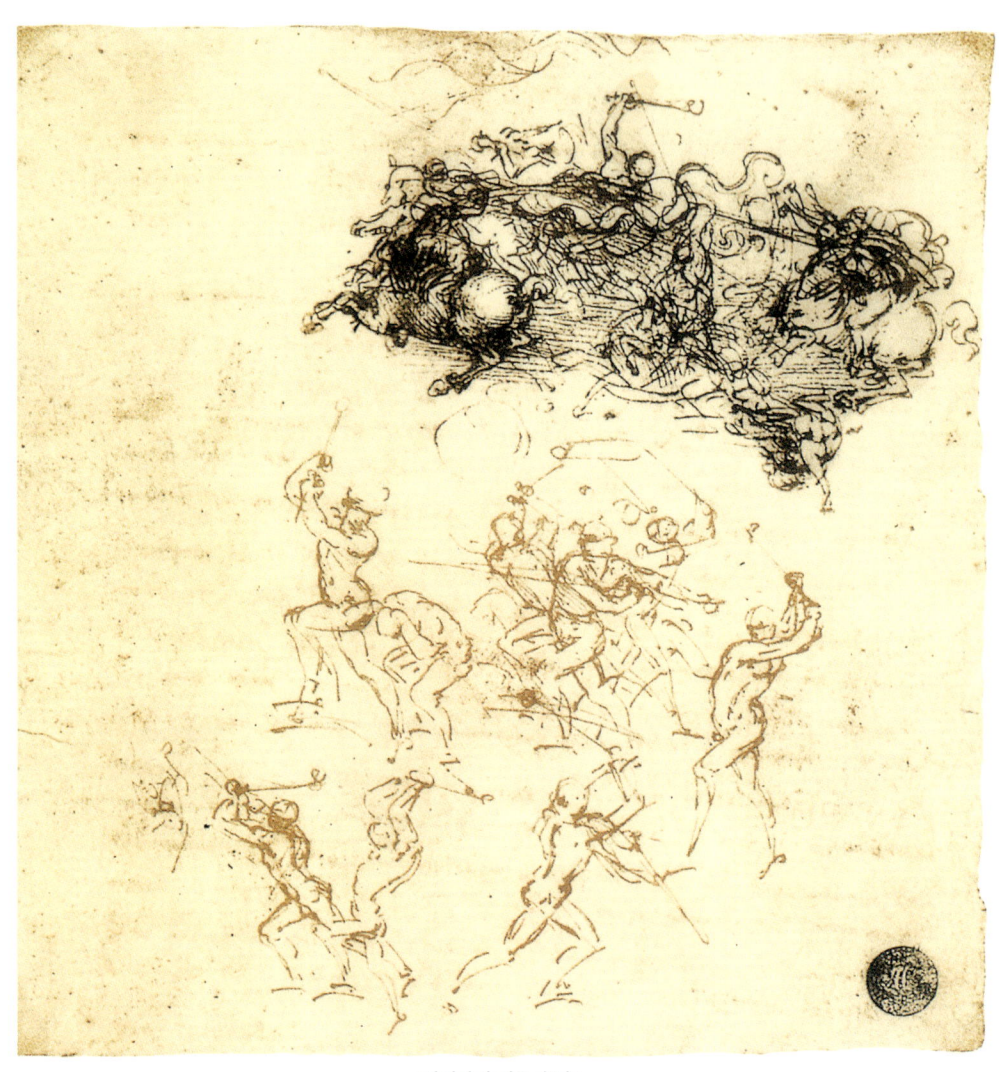

〈앙기아리 전투 습작〉

레오나르도의 〈앙기아리 전투〉를 모사한 〈타볼라 도리아〉

군하며 일으키는 전투 장면을 그렸습니다. 하늘은 한 치의 양보도 없는 듯 부대끼는 군인처럼 폭풍이 양편에서 불어와서 회오리바람을 일으키고 있습니다.

그러나 두 작가는 이렇듯 흥미로운 작품을 끝내 완성하지 못했습니다. 레오나르도는 〈최후의 만찬〉의 경우처럼 새로운 기법을 실험하고 싶었습니다. 그는 친구들로부터 로마의 역사가 플리니우스가 쓴 《자연사》에 대해 들었던 적이 있습니다. 이 책에는 로마의 엔카우스토 기법, 즉 돌을 잘게 갈은 안료를 밀납에 개어 벽에 바르는 기법이 나와 있습니다. 레오나르도는 이 기법을 다른 벽면에 실험해 보았습니다. 표면이 미끈하게 광이 나고 색이 아주 생생했습니다. 그래서 주저 없이 이 기법으로 그리기로 마음먹었습니다.

그런데 비극적인 사건이 일어났습니다.

1505년 6월 6일 금요일이었죠.

"선생님, 지금 폭우가 몰아치고 있습니다."

"나도 아네. 벌써 벽에 물이 스며들고 있지 않은가? 작업이 위험하네. 자네는 사람들을 모아 보게."

잠시 후 사람들이 모여들었습니다.

"불이라도 때야겠어. 물이 너무 많이 스며들고 있어."

"선생님 밑그림이 떨어지고 있습니다."

"여러분, 최선을 다합시다. 불을 피워서 종이를 말리고, 어서 물을 퍼내게."

물을 퍼냈고, 동시에 물기를 말리기 위해 불을 땠습니다. 하지만 날씨는 점점 더 심해졌고 비는 그날 밤까지 그치지 않고 내렸습니다. 불을 피웠던 바람에 색을 칠했던 밀랍도 같이 녹아내리고 말았습니다. 레오나르도는 결국 다시 처음부터 그려야 하는 처지가 되었습니다. 이런 상황은 미켈란젤로도 마찬가지였습니다. 나이와 상관없이, 재능과 상관없이 찾아온 재해는 두 예술가를 힘들게 했죠.

두 사람의 경쟁은 마무리되지 못했습니다. 재해가 닥치고 얼마 되지 않아 인재까지 찾아왔거든요. 유럽의 정치 지도자는 프랑스 왕국을 이끌던 샤를 8세와 신성로마 제국의 황제, 그리고 로마의 교황이었습니다. 이들은 이탈리아 여러 도시를 좌지우지할 수 있는 힘을 가지고 있었죠. 이들은 모두 피렌체 예술가들에게 관심이 많았고, 이들이 자신들을 위해 일하기를 원했습니다. 로마의 율리우스 교황은 미켈란젤로를 요청했고, 프랑스의 루이 12세는 레오나르도의 몇 작품만 보고도 프랑스로 올 것을 권유했습니다. 피렌체 시민들은 문화적 자긍심에도 두 예술가가 떠나는 것을 막을 수 없었습니다.

두 사람의 경쟁은 밑그림만으로도 많은 사람들을 감동시켰습니다. 이들의 작품이 남아 있는 것은 아닙니다. 그 뒤 많은 화가들이 두 사람의 작품을 베껴 그리는 연습을 하며 그림 그리는 방법을 배워 나갔습니다. 바로크 시대 유명한 화가 루벤스도 레오나르도의 몇 점 안 되는 그림을 따라 그리며 자신의 그림 실력을 키워 갔습니다.

레오나르도와 미켈란젤로의 그림은 모두 정확한 비례를 바탕으로 신체의 움직임을 나타냈습니다. 미켈란젤로는 동작을 크고 명확하게 했다면 레오나르도는 많은 인물로 나누어 다양한 모습으로 그렸습니다. 더 나아가 레오나르도는 배경으로 작품의 분위기를 한껏 드높였습니다. 화가들은 배경의 중요성을 새롭게 알게 되었습니다. 두 사람이 노력했던 만큼 두 작품은 그 뒤 '세계의 미술 학교'가 되었습니다. 이 작품을 따라 그리는 것은 미술 교과서를 보고 배우는 것과 같았습니다. 두 예술가는 이렇게 사람들에게 전설이 되었습니다.

두 예술가를 보고 자란 화가 중에 바사리가 있습니다. 그는 이 작품을 보고 회화를 공부했고, 르네상스 시대 여러 작가들의 전기를 쓰면서 두 사람을 가장 높이 평가했습니다.

나중에 바사리는 레오나르도와 미켈란젤로가 작업했던 '친퀘첸토의 방'에 피렌체의 역사를 그리는 일을 맡게 되었습니다. 두 예술가를 존경했던 바사리는 남아 있는 선배 예술가의 흔적을 지우고 싶지 않았습니다. 그는 남아 있는 레오나르도의 밑그림 위에 벽화 〈마르시아노 전투〉를 그렸습니다. 그리고 자신의 작품 꼭대기에 "찾아라. 그럼 발견할 것이다." 하고 적어 두었습니다.

바사리의 그림을 보고 사람들은 고개를 갸웃거렸죠.

"저게 무슨 말이지?"

"글쎄. 피렌체에서 일어난 전쟁에 저런 말이 있었는지 잘 모르겠는데?"

"자네는 들어 본 적이 있는가?"

"잘 모르겠네. 아마 역사가들은 알겠지."

하지만 역사가들도 이 말 뜻을 몰랐습니다. 왜냐면 그건 바사리가 자신의 작품 밑에 숨겨 놓은 레오나르도에 대한 오마주였으니까요.

다행히 2012년 미술사가들은 이 구절의 뜻을 알 수 있었고, 바사리의 작품 아래 놓여 있는 레오나르도의 밑그림을 발견할 수 있었습니다. 하지만 역사의 일부가 되어 버린 바사리의 작품도 중요했기 때문에 그대로 놓아두기로 했죠.

우리는 두 사람의 작품을 상상할 수 있습니다. 특히 레오나르도의 〈앙기아리 전투〉는 그가 이 작품을 그리기 위해 연구했던 습작이 남아 있기 때문입니다. 이 습작 그림을 보면 그때 레오나르도가 어떻게 그렸을지 짐작할 수 있습니다.

회화는 과학인가, 아닌가

    1508년 가을 레오나르도는 젊은 시절 수많은 도전과 좌절, 세계에 대한 학문적 관심을 안겨 주었던 애증의 도시 밀라노에 도착했습니다. 이곳에서 할 일이 많았던 것은 아닙니다. 프랑스 왕의 주문은 여러 가지 정치적 상황으로 자꾸 늦어졌습니다. 레오나르도는 대신 시간을 벌었죠.

    그는 그림을 그리지 않을 때에는 어린 시절 그랬던 것처럼 밀라노의 숲과 언덕을 거닐면서 자연을 관찰하고 기록했습니다. 저녁에 집에 오면 일기처럼 쌓여 있는 연구 노트가 기다리고 있었고, 궁금한 점을 확인해 가며 그가 얻은 세계에 대한 지식을 정리해 나갔습니다. 다른 사람들이 보기에 그는 화가라기보다는 철학자나 과학자, 인문학자처럼 여러 분야에 정통한 인물로 보였을 것입니다.

    그는 시간이 남았기 때문에 회화에 대한 책을 기획했습니다. 르네상스 시대 많은 화가들은 자신의 작품을 설명하기 위해 다양한 예술론을 썼죠. 이런 책은 예술가를 넘어 사회에서 학문적으로 인정받을 수 있는 방법이기도 했습니다. 주문자들은 이런 글을 읽고 더 많은 작품을 주문했습니다. 레오나르도는 자신의 작품을 설명하고, 새로운 관점에서 작품을 감상할 수 있는 기준과 작품의 의미를 스스로 제시하고 싶었습니다. 오늘날 예술가들의 포트폴리오나 스테이트먼트처럼 말입니다. 포트폴리오는 예술가가 자신의 작업을 설명할 때 내보이는 드로잉이나 작업 사진이고, 스테이트먼트는 자신의 작품을 설명하는 글입니다.

그는 자신이 봤던 것을 다양한 관점으로 응용하는 데 능숙했습니다. 하늘을 그리며 천체를 관찰했고, 빛을 보고는 광학과 눈에 대한 이론을 말했습니다. 풍경을 보고 측량법을 바탕으로 지리학에 대한 연구도 했으며, 날아가는 새는 비행기로 변했습니다. 무기를 고안하다 바람에 관심을 두었고, 물의 흐름을 명상하며 유속과 건축에 대해 고민했습니다. 이러한 지식은 다시 작품의 배경을 그릴 때 적용했습니다. 또한 해부학을 통해 인간의 몸을 이해했고, 뼈와 근육의 구조는 인물을 그릴 때 아주 중요한 바탕이 되었습니다. 그는 회화를 통해 세계를 보았고, 세계를 통해 회화를 보았죠.

그러나 이렇게 편안한 마음으로 화가로서의 인생과 그림에 대한 생각을 정리하던 것도 멈출 수밖에 없었습니다. 1511년 밀라노의 주인이던 스포르차 가문이 프랑스인들을 몰아내고 밀라노를 되찾았습니다. 과거 그를 알던 사람들도 거의 남아 있지 않았습니다. 스포르차 가문의 입장에서 보면 레오나르도는 프랑스를 위해 일한 변절자였죠. 그는 다시 밀라노를 떠나 로마로 갔습니다. 로마는 미켈란젤로와 그의 작품을 보고 배웠던 라파엘로가 거의 모든 일을 도맡아 하고 있었고, 프랑스 왕을 의식하고 경쟁하던 교황과 상류층은 레오나르도에게 기회를 주는 것이 껄끄러웠습니다. 더구나 젊은 예술가들은 레오나르도의 위상과 능력을 부담스러워 했습니다.

그는 경쟁과 명예에 그다지 관심이 없었습니다. 피렌체에서 미켈란젤로와 경합을 하면서 그런 경쟁이 소모적이라는 것을 깨달았습니다. 그는 명예를 추구하는 화가가 아니라 그림을 사랑하는 화가였습니다. 그래서 남는 시간 로마의 풍경과 유적을 둘러보며 창의적인 질문을 하고 기록했습니다. 지식이 많아서 창의적인 것은 아닙니다. 경험 속에서 지식을 활용하고 다양한 관점에서 생각하고 서로 다른 분야를 연결하는 과정이 새로운 생각을 하게 합니다. 그런 점에서 레오나르도는 마치 뛰어난 철학자나 과학자라 할 수 있습니다.

어느 날 오후 프랑스에서 사신이 찾아왔습니다. 1515년 레오나르도가 피렌체에 머물고 있을 때 그를 찾았던 루이 12세는 이미 세상을 떠나고, 프랑수아 1세가 새로 왕이 되었습니다. 그는 자신의 왕국을 새로운 문화의 중심지로 변화시키고 싶어 했고, 이탈리아의 예술가들을 높이 평가했습니다. 그는 나중에 프랑스의 르네상스를 열었고, 예술가들의 후원자가 되었던 왕입니다. 그는 밀라노에 있는 레오나르도의 〈최후의 만찬〉까지도 프랑스로 옮겨 오고 싶어 했죠.

"안녕하세요, 레오나르도. 당신을 찾는 데 시간이 많이 걸렸습니다. 예술을 사랑하는 우리의 군주 프랑수아 1세가 당신을 기다리고 있습니다."

"아, 예······."

"당신을 모셔 오라고 합니다. 당신은 궁정 화가의 대우를 받을 겁니다. 왕이 당신을 존경하거든요."

"예, 알겠습니다. 연구 노트와 작품을 가지고 곧 출발하겠습니다."

명예를 추구하지 않고 자신의 일을 묵묵히 해 나가자 오히려 명예가 찾아온 것입니다. 다시 긴 여행이 시작되었습니다. 1516년 프랑스 앙부아즈 궁전에 도착했습니다.

그는 유럽에서 가장 강한 왕국을 건설해 가던 프랑스 왕실에서 가장 좋아하는 인물이 되었습니다. 그는 뛰어난 예술가이자 다양한 분야에 박식하고 사람들의 말을 주의깊이 들어주는 사람이었습니다. 이렇게 겸손한 나이 많은 화가는 곧 많은 사람들이 찾는 인물이 되었습니다. 사교적이고 유쾌한 레오나르도는 왕실의 결혼식에 화려한 무대 장치를 꾸며 주기도 하고, 프랑스 왕실의 건축과 방어용 성에 도움말을 주며 시간을 보냈습니다. 하지만 그는 더 이상 그림을 그리기 어려웠습니다. 건강이 안 좋았죠. 오른손에 마비 증세가 왔습니다. 그는 왼손잡이였지만 오른손도 작업하는 데 중요했습니다.

장 클루에 〈프랑수아 1세〉

레오나르도는 제자 멜치를 불렀습니다. 그는 1506년부터 레오나르도에게 그림을 배웠고 죽을 때까지 함께했던 제자입니다.

"멜치, 이제 나도 나이가 들었네. 내가 세상을 떠나면 내 연구 노트를 정리하게나."

"선생님, 그런 말씀 하지 마세요. 아직도 정정하십니다."

"아닐세. 나는 해부학을 오래 연구했네. 근육의 변화는 잘 알고 있지. 나에겐 시간이 많지 않아. 연구 노트를 모아서 회화에 대한 책을 내려 했는데……, 그건 좀 아쉽군."

"선생님, 걱정하지 마세요. 선생님이 정리하지 못하면 제가 정리하겠

조르조 바사리가 쓴 《르네상스 미술가 열전》에 나오는 레오나르도 다빈치

습니다."

"그래, 자네에겐 늘 힘든 일만 주는군."

레오나르도는 나이 들어가는 몸을 연구하고 기록했습니다. 자신의 늙은 몸조차 회화를 위한 지식이라 생각했습니다. 그러나 세월을 이길 수는 없었습니다. 그는 프랑수아 1세가 지켜보는 가운데 1519년 5월 2일 프랑스의 한 도시 클로루체에서 세상을 떠납니다.

제자 멜치는 다빈치의 유산을 소중하게 생각했습니다. 그는 그림 한 장, 메모 하나 버리지 않고 그를 기억하면서 자기 인생을 레오나르도 연구 노트에 바쳤습니다. 그는 스승의 연구 노트를 정리하고 분류하기 위해 문헌학까지 배웠습니다. 멜치가 세상을 떠날 무렵 레오나르도의 《회화론》이 세상에 모습을 드러냈습니다. 이 책이 출간된 뒤 곧 다른 연구 노트가 세상에 공개되었고, 전혀 다른 분야의 전문가들도 레오나르도의 글에 열광하기 시작했습니다. 그들은 레오나르도의 발견에서 영감을 얻고 새로운 과학적 발견을 찾아냈죠.

18세기 말 외과 의사 존 헌터는 해부학과 임상의학을 공부하면서 레오나르도의 드로잉을 본 뒤 자신의 감동을 이렇게 기록했습니다.

"나는 이 드로잉을 분석하면서, 레오나르도가 의사가 아니라 연구자라는 것을 알고 깜짝 놀랐습니다. 그가 인간의 몸과 장기를 낱낱이 그리고 설명할 때 그의 천재성을 느낄 수 있었습니다. …… 나는 그가 모든 시대를 뛰어넘는 가장 위대한 해부학자라고 생각합니다."

앵그르 〈레오나르도 다빈치의 죽음〉

　다른 분야에서도 이런 일이 일어났죠. 레오나르도는 역사에서 유래를 찾아볼 수 없을 정도로 많은 호칭을 얻습니다. 그는 화가, 삽화가, 인문학자, 건축가, 조각가, 과학자, 음악가, 무대 장치가, 해부학자, 발명가, 전쟁 기술자로 알려졌습니다. 사람들은 레오나르도를 보고 르네상스 시대의 만능인이라 합니다.

　레오나르도가 남긴 연구 노트 중 《회화론》은 그가 남긴 유산 중에서 사

람들이 가장 좋아하는 고전이 되었습니다. 사람들은 볼 때마다 다른 것을 발견했고, 그림에 대해서도 새로운 생각을 하게 되었습니다. 그는 그림을 설명하지 않고, 그림의 원리를 들려주었으며, 원리 속에서 갖가지 이야기를 건넸습니다. 이 책은 예술에 대한 글이면서 세계에 대한 글입니다. 레오나르도의 삶을 이끌었던 세계는 예술이었지만 더 큰 지식을 남겼습니다. 그는 마지막까지 열정을 불태웠습니다. 그의 《회화론》은 아래 구절로 시작합니다.

"회화는 과학인가, 아닌가?"

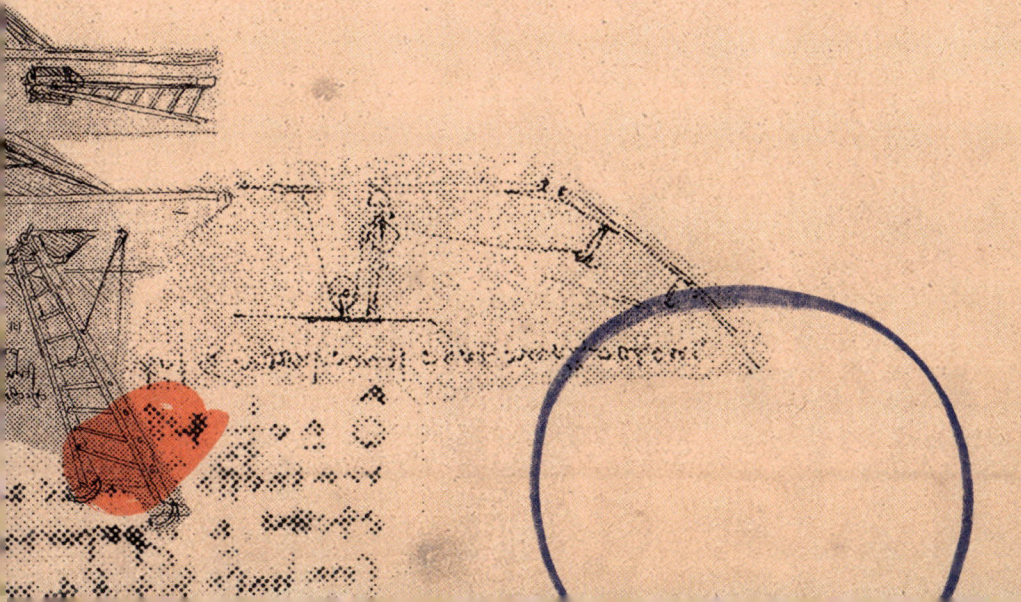

레오나르도 다빈치의 생애

1452	공증인 세르 피에로와 농사꾼의 딸 카테리나의 사생아로 빈치에서 태어남.
1467	아버지와 함께 피렌체로 이사함.
1469	베로키오 공방에 들어가 그림을 배움.
1472	피렌체 화가 협회에 등록. 1470년에서 1481년까지 베로키오의 〈그리스도의 세례〉를 그리는 데 참여하며, 〈수태 고지〉(1472~1475)와 〈지네브라 데 벤치의 초상〉(1474~1476)을 그렸고, 이후 〈동방박사의 경배〉(1481~1482)를 시작하지만 완성하지 못하고 밑그림만 남아 있다.
1482	메디치 가문의 로렌초가 레오나르도를 밀라노의 루도비코에게 보냄.
1482~1498	밀라노에서 〈암굴의 성모〉(1483~1486), 〈최후의 만찬〉(1495~98)을 그렸으며 남아 있지 않은 〈청동 기마상〉을 둘러싼 다양한 연구 습작을 남김.

1500　　만토바와 베니스를 방문한 뒤 피렌체로 귀향. 여행하는 중에 다양한 연구 습작을 남겼으며, 이 시기에 〈이사벨라 데스테의 초상〉을 그렸던 기록이 남아 있다. 이후 피렌체에 돌아와 안눈치아타 교회의 제단화 밑그림을 그리지만 남아 있지 않으며, 이를 바탕으로 오늘날 루브르에 있는 〈성 모자와 성 안나〉(1510~1513)를 그림. 피렌체에서 〈모나 리자〉(1503~1505), 〈세례자 성 요한〉(1513~1516) 같은 그림을 그림.

1507　　피렌체를 떠나 다시 밀라노로 갔으며 '프랑스 왕의 궁전 화가이자 기술자' 직위를 받음.

1513　　다시 로마로 갔으며, 이곳에서 메디치 가문의 교황 레오 10세의 도움을 받는다. 하지만 작품 제작을 의뢰받지 못하고 지질학과 기하학 연구를 한다.

1516　　암브로아즈 성으로 가 프랑스 왕 프랑수아 1세의 도움으로 작업을 이어간다.

1519　　암브로아즈 성에서 세상을 떠났으며, 성 프란체스코 교회에 묻힌다. 이후 그의 제자 멜치가 그의 연구 노트를 정리해 《회화론》을 출간함.

지은이 최병진

한국 외국어 대학교 이탈리어학과를 졸업한 뒤 로마 국립 대학교 라 사피엔자에서 르네상스 미술에 관한 논문으로 학사 학위를 받았습니다. 동 대학에서 박물관학으로 석사 학위를 받고 피렌체 국립 대학교에서 같은 전공으로 박사 학위를 받았습니다. 《대영 박물관》《에르미타슈 미술관》《르네상스 미술》《서양 미술사 박물관》 등을 우리말로 옮겼습니다. 지금은 대학에서 학생들을 가르치고 있습니다.

그린이 조승연

홍익대학교에서 동양화를 전공하고, 프랑스에서 일러스트레이션을 공부했으며 지금은 어린이책 일러스트레이터로 활발하게 활동하고 있습니다. 《사춘기 가족》《달리는 기계, 개화차, 자전거》《셜록 홈즈》《겸재 정선, 조선의 산수를 그리다》 등에 그림을 그렸습니다.

레오나르도 다빈치, 상상의 날개를 활짝 펼치다

2016년 7월 5일 1판 1쇄
2022년 9월 30일 1판 3쇄

지은이 최병진 | **그린이** 조승연
기획·편집 최일주, 이혜정 | **교정** 조미숙 | **디자인** 민트플라츠 송지연 | **제작** 박흥기
마케팅 이병규, 이민정, 최다은 | **홍보** 조민희, 강효원 | **인쇄** 코리아피앤피 | **제책** J&D바인텍

펴낸이 강맑실 | **펴낸곳** (주)사계절출판사 | **등록** 제 406-2003-034호 | **주소** (우)10881 경기도 파주시 회동길 252
전화 031)955-8588, 8558 | **전송** 마케팅부 031)955-8595, 편집부 031)955-8596
홈페이지 www.sakyejul.net | **전자우편** skj@sakyejul.com | **블로그** blog.naver.com/skjmail
페이스북 facebook.com/sakyejulkid | **인스타그램** instagram.com/sakyejulkid

ⓒ 최병진, 조승연 2016
사진: 19쪽 허용선(피렌체 대성당) 50쪽 허용선(피렌체 전경)

값은 뒤표지에 적혀 있습니다. 잘못 만든 책은 구입하신 서점에서 바꾸어 드립니다.
사계절출판사는 성장의 의미를 생각합니다. 사계절출판사는 독자 여러분의 의견에 늘 귀기울이고 있습니다.
이 책은 저작권법에 따라 보호받는 저작물이므로 무단전재와 무단복제를 금합니다.

978-89-5828-975-3 73600
978-89-5828-775-9 (세트)